당신이 고마웠다고 충 왔습니다.

_____ 님께

꿈꾸는 구둣방

일러두기 ————————

• '아지오'는 사회적협동조합 '구두만드는풍경'의 구두 브랜드 이름이다. 2017년에 아지오 구두가 널리 화제가 되면서 대중에게는 구두만드는풍경보다 아지오로 많이 알려져 있다. 독자의 이해를 돕기 위해 본문에서 회사를 가리킬 때는 대부분 아지오로 지칭했다.

• 이 책에 등장하는 구두만드는풍경의 창립자 유석영은 2021년 1월 CEO 자리에서 물러나 지금은 조합원으로 활동하고 있다. 현재는 이사진 중 한 명이었던 지체장애인 정권 대표가 구두만드는풍경 CEO로 취임하여 협동조합을 이끌고 있다.

꿈꾸는 구둣방

소리 없이 세상을 바꾸는 구두 한 켤레의 기적

—— 아지오 지음 ——

다선
북스

조금 낯설지도 모를
세상의 한 얼굴

_유시민(작가, 구두만드는풍경 조합원)

저는 아지오 구두를 만드는 사회적협동조합 구두만드는풍경
의 조합원입니다. 돌이켜보니 '무늬만 조합원'이라 해야겠네요.
한 일이 별로 없어서요. 소액의 자본금을 출자했고, 홍보 효과
가 신통치 않은 구두 모델이 된 게 전부입니다. 직업이 글쟁이
라 이렇게 추천사라도 쓸 수 있게 된 것이 그나마 다행입니다.

『꿈꾸는 구둣방』은 아지오 구두에 얽힌 사람들과 아지오라
는 기업의 가치에 관한 이야기입니다. 수제화 제작 과정에 대
한 정보도 있긴 합니다만, 구두 자체보다는 구두를 만드는 직원
들과 굳이 아지오 구두를 신는 고객들의 생각과 감정과 관계와

삶의 방식을 전해주는 책입니다.

지난해까지는 '듣지 못하는 노동자'와 '보이는 게 없는 CEO'가 '듣고 볼 줄 아는 친구들'의 도움을 받으며 구두를 만들었고, 올해부터는 '듣고 볼 수 있지만 마음대로 움직이지 못하는 CEO'가 협동조합을 이끌고 있습니다. 그것 말고는 달라진 것이 없지요. 새것을 신어도 발이 아프지 않은 아지오 구두의 편안함도 예전 그대로입니다.

소비자는 품질의 좋고 나쁨과 가격의 높고 낮음을 살펴 상품을 선택합니다. 그래서 소비에는 이념이 없다고 하죠. 그래도 이념이 아닌 '가치'를 고려해가며 소비하는 건 가능하다고 생각합니다. 전보다 더 다양해진 아지오의 고객들은 그런 '사회적 가치'를 소비하는 사람들이 아닐까 하고요.

아지오 구두를 신을 때 저는, 발만 편안한 게 아니라 마음도 따뜻해집니다. 일을 하고 월급을 받아 세금을 내면서 자부심 높은 시민으로 살아가는 '듣지 못하는 이웃 사람'의 모습이 떠올라서요. 세상의 구두는 다 노동자가 만든다는 사실을 물론 압니다. 그렇지만 아지오 구두는 인공지능과 로봇이 사람을 대체한 자동화 공장이나 인건비 저렴한 외국의 공장에서 만들어온 구두와 다릅니다. 함께 살아가는 이웃의 존재를, 타인과의 관계가 제 삶에 주는 의미를 뚜렷하게 느끼게 하지요. 이 책에 나오는 고객들도 제가 그런 것처럼 아지오 구두를 구입하면서 저마다의 '가치'를 생각했을 겁니다.

우리가 사는 시장경제 또는 자본주의는 냉정합니다. 상품은 가성비가 좋아야 하고 노동자는 생산성을 올려야 하며 기업은 수익성을 높여야 합니다. 그래야 상품도 노동자도 기업도 살아남을 수 있으니까요. 그런데 아지오는 모든 게 거꾸로입니다. 구두를 일일이 손으로 만들기 때문에 가격을 낮추지 못합니다. 그래서 품질이 좋아도 가성비는 낮을 수 있습니다. 청각장애인도 수어로 얼마든지 소통할 수 있지만 비장애인 사업장보다 생산성을 높이는 데 유리할 리는 없죠. 그러니 이윤을 얻기 어렵고, 얻는다고 해도 배당을 하지 않습니다. 이윤을 재투자하는 협동조합이거든요. 한마디로, 사회적협동조합 구두만드는풍경은 존재 그 자체가 목적인 기업입니다. 몹시 '낯선 풍경'일지도 모르겠네요. 『꿈꾸는 구둣방』은 그렇게 낯선 풍경 안에서 살아가는 사람들의 이야기입니다.

독서는 간접 경험이라고 합니다. 세상은 크고 넓고 또 수없이 많은 얼굴을 가졌으니 누구도 직접 경험으로 세상 전부를 알 수는 없겠죠. 『꿈꾸는 구둣방』은 세상의 여러 얼굴 가운데 하나를 들여다볼 기회를 제공해줍니다. 장애를 안고 일하는 노동자, 장애인과 비장애인의 생산 공동체, 그 공동체와 교신하고 거래하면서 저마다의 가치를 나누는 시민들의 마음에 공감하고, 그들의 소망과 열정을 공유함으로써 자신의 인생에 의미를 더할 수 있는 기회 말입니다.

독자들께 사심 가득한 청을 하나 드립니다. 코로나19 사태로 지독한 판매 부진을 겪은 구두만드는풍경 조합원으로서 드리는 부탁입니다.『꿈꾸는 구둣방』을 재미있게 읽으셨다면 '친구처럼 편안한 수제화 아지오' 홈페이지(agio.kr)에 접속해 구두 한 켤레를 주문해주시길! 두 발을 실측해 구두를 제작하는 경우에는 추가 요금을 내셔야 한다는 점, 미리 알려드립니다.

AGIO ————————————————

Chapter 1

우리는 망하고 말았다

불 꺼진 구두 공장

2013년 8월의 어느 날, 아지오로 향하는 유석영의 발걸음이 유난히 무거웠다. 공장에는 무거운 정적이 감돌고 있었다. 몇 달 전까지만 해도 직원들이 저마다 기계 앞에 앉아 가죽을 다듬고 구두 틀을 만들고 광을 내느라 분주했던 곳이다. 그간 드문드문 돌아가던 공장은 얼마 전부터 작업이 전면 중단되었다. 만들어놓고 주인을 찾지 못한 구두들이 한쪽에 늘어서 있고 남은 가죽이며 밑창도 쓰임을 다하지 못한 채 쌓여 있다.

지난 3년 8개월간 유석영은 할 수 있는 일을 다 했다. 구두를 팔겠다고 안 만나본 사람이 없었고 안 다녀본 곳이 없었다. 온갖 인맥을 총동원해 납품처도 구해보고 여기저기서 판촉 행사도 열어보았다. 그렇게 갖은 애를 썼는데도 빚은 쌓여만 갔다. 이제는 한계에 다다랐다는 것을 인정해야만 했다. 선의를 가진 지인들이 한두 번 구두를 구매해주고, 장애인에 대한 측은지심으로 사주는 사람들이 있어 여기까지 왔지만 일반 소비자들에게 파고드는 데는 실패했다. 사회적 기업으로서 잠시 언론의 스포트라이트를 받기도 했지만 이슈만으로는 지속적인 판매를 끌어낼 수 없었고, 사명만으로는 기업을 이어갈 수 없었다.

회사가 굴러가려면 생산된 제품을 파는 데서 그치는 것이 아니라 재투자를 통해 신제품이 끊임없이 나와야 하고, 그로 인해 다시 투자가 이루어지는 선순환이 필요하다. 그런데 아지오는 지금까지 생산한 제품을 파는 데만 급급했다. 하루 만들어 하루 파는 식으로 가까스로 운영하다 보니 재투자는 꿈도 꿀 수 없었다. 어찌 보면 이런 결말이 당연한 것이었는데, 불행히도 유석영은 회사를 운영하면서 그 사실을 뒤늦게 깨달았다.

시간이 갈수록 커지는 건 자책감이었다. 시장 조사나 아이템에 대한 연구 없이, 기업 경영에 대한 충분한 공부 없이 뭔가에 홀린 것처럼 '된다'라는 막연한 기대로 시작한 일. 무모하고 대책 없던 자신을 원망할 수밖에 없었다.

이제는 정말 끝을 내야 할 때가 왔다. 더 늦기 전에, 모든 것이 회복 불가능할 정도로 망가지기 전에 회사를 정리해야 했다.

남은 기계와 제품을 팔면 빚은 어찌어찌 갚을 수 있을 것이다. 아지오의 끝이 코앞에 왔음을 깨달은 것은 어제오늘 일은 아니었지만 몇 달간의 치열했던 고민을 유석영은 오늘 드디어 끝내려 했다.

저녁 회식 자리를 마련했고 전 직원이 둘러앉았다. 직원들도 이 자리가 심상치 않음을 눈치챘으리라. 그는 어렵게 말을 꺼냈다. 그동안 안주머니에 품고 다니며 수없이 망설이던 말을.

"공장을 더 이상 운영하기 어렵게 됐습니다. 이렇게 책임도 못 지고 가게 되어 미안합니다. 나중에 기회가 되면 다시 잘해봅시다."

죽기보다 하기 싫었던 말을 결국 뱉어버렸다.

'다들 어떤 표정을 짓고 있을까.'

앞을 보지 못하는 유석영은 직원들의 표정을 살필 수 없었다. 수어통역사가 청각장애인 직원들에게 대표의 말을 전하는 동안, 유석영과 직원들 사이에는 언제나처럼 침묵이 끼어 있었다. 하지만 지금의 이 침묵은 여태 느낀 적 없는 무겁고 긴 침묵이었다. 직원들도 소리를 듣지 못하니 유석영이 어떤 말투와 목소리, 뉘앙스로 말했는지 알 수 없을 터였다. 그러니 자신의 말이, 마음이 잘 전해졌을지 두려울 수밖에 없었다.

'다들 화가 났을까? 아니면 속상해하고 있을까? 내가 회복할
수 없는 상처를 준 건 아닐까.'

유석영의 머릿속에 온갖 상상과 추측이 어지럽게 떠돌았다.
얼마가 지났을까, 마침내 길게만 느껴졌던 침묵을 깨고 통역사
가 전해온 대답은 예상치 못한 것이었다.

"사장님, 더 건강하시고 더 잘되시기를 바랍니다."

"그간 고생하셨습니다."

회사가 어렵다는 걸 진작부터 알고 언젠가 이런 날이 올 것
을 예감하고 있던 직원들은 오히려 그를 위로했다. 담담히 그
말을 전하던 수어통역사의 목소리가 떨렸다. 유석영은 애써 눈
물을 삼켰지만 감정이 북받쳐 올랐다. 차라리 화를 냈더라면,
원망했더라면 마음이 한결 가벼웠을지 몰랐다.

'내가 헛된 희망을 불어넣지 않았더라면……'

여기서 일하면 돈도 많이 벌 수 있고 사회에서 제 몫을 할 수
있을 거라고 직원들에게 호기롭게 말하지 않았던가. 결과적으
로 그 약속은 희망고문이 되어버린 셈이었다. 할 수만 있다면
처음부터 다시 시작하고 싶었다. 멀쩡한 얼굴로 직원들을 볼 낯
이 없었다.

'살던 대로 살도록 내버려두느니만 못했던 건 아닐까……'

모든 게 자신의 탓이라는 생각에 유석영은 마음이 찢기는 고통을 느꼈다. 한 기업을 책임지는 사람이 되려면 반드시 지고 가야 하는 십자가가 있다고 했던가. 그 십자가가 이렇게 무거울 줄 몰랐던 그는 어색한 침묵 속에 고개를 떨구었다.

그렇게 직원들과 공장 문을 닫고 나와 불 꺼진 공장 앞에 섰다. 그동안 쌓아온 모든 것들을 버리고 떠나야 한다니, 믿을 수 없었다. 유석영과 구두 장인, 사회복지사들, 그리고 여섯 명의 청각장애인 직원들은 공장을 뒤돌아보며 눈물을 삼켰다. 함께 땀 흘리며 구두를 만들던 공간은 며칠 만에 허무하게 사라졌다. 사비를 보태 사들인 기계며 장비들은 고철덩어리가 되어 헐값에 팔렸다. 직원들도 허탈한 표정으로 제 갈 길을 찾아 뿔뿔이 흩어졌다.

회사를 닫고 몇 주간을 두문불출했다. 유석영은 술을 마시지 못했지만, 사업에 실패한 사람들이 왜 그리 술에 빠지는지 알 것 같았다. 많은 사람들이 몇 년이나 헌신하고 인내하며 수단과 방법을 가리지 않고 기회를 만들어주었지만 자신의 무능으로 모든 것이 수포로 돌아갔다. 한 명 한 명의 실망이 그의 가슴을 바위처럼 짓눌렀다. 잠을 자다가도 패배감과 좌절감이 갑자기 덮쳐왔다. 어린 시절부터 그를 한심하고 불쌍하게 봐왔던 시선들마저 다시 생생히 느껴졌다.

'쓸모없는 놈……'

최선을 다했기 때문에 더 괴로웠다. 유석영의 최선은 그가
평생 품어온 꿈에 한참 못 미쳤다.

쉽지 않은 길이라는 걸 알기에 더 성공하고 싶었다. '좋은 뜻'
이라는 실체 없는 감성주의가 현실의 벽에 부딪혔을 때 어떻게
산산이 조각나는지를 경험한 뒤에야 무엇이 잘못됐는지를 알
았다. 이제 돌이켜 생각해보니 어떤 결정이 특별히 어리석었는
지, 아지오의 문제가 무엇이었는지 정확히 보였다. 곱씹을 때마
다 아직 아물지 않은 상처를 다시 헤집는 것처럼 고통스러웠다.
유석영은 그 아픔 때문에 아지오에 대한 생각을 멈출 수 없었
다. 무엇이 그리 부족했고, 어떻게 했다면 승산이 있었을까. 그
는 마음 한구석에서 아지오의 3년 8개월을 끊임없이 복기했다.

제발 나가 죽어라

———

유석영은 앞이 보이던 시절에 보았던 풍경을 기억한
다. 시골집과 어머니 아버지, 동네 사람들…… 어릴 적부터 서
서히 흐려진 세상은 중학교에 입학할 즈음엔 완전한 암흑이 되

었다.

"이제 틀렸습니다."

눈만 안 보일 뿐이지 다른 모든 곳이 멀쩡하게 살아 있는데, 의사는 마치 사형선고를 내리듯 말했다. 볼 수는 없었지만 아버지의 안색이 어떨지 짐작이 갔다. 시력을 잃는다는 것은 사회적 사형선고를 받는 일과 별반 다르지 않다는 사실을 어린 소년은 하나씩 부딪혀가며 깨달았다. 그때부터 그는 '시각장애인 유석영'이 되었다. 평생 뗄 수 없는 꼬리표가 그의 이름 앞에 붙어 삶을 무겁게 짓눌렀다.

"안됐구먼, 쯧쯧……"

그가 가는 곳이면 어디든 혀 차는 소리가 들렸다. 자전거를 탈 수 없으니 먼 길을 걸어서 통학해야 했고 아이들의 놀림감이 되는 일도 잦았다. 이내 학교에서는 아버지를 불러 아이를 맹학교로 보내라고 했지만 아버지도 아들도 한사코 거부했다. 거기까지 가면, 그때부터 어떤 희망도 허락되지 않을 것 같았다. 지금까지의 삶을 조금이라도 지키고 싶었다. 하지만 그건 유석영의 생각일 뿐, 다른 사람들에게 그는 이미 쓸데없이 고집을 부려 귀찮게 하는 장애인 이상도 이하도 아니었다. 고작 평범하게 살고 싶다는 희망이 누군가를 그리 힘들게 할 줄이야. 그의 담임 선생님은 그에게 원망하듯 말했다.

"왜 하필 네가 우리 반에 와서 나를 이렇게 힘들게 하냐."

선생님의 말에 아무런 대답도 할 수 없었다.

'나의 존재가 누군가를 힘들게 한다, 그러나 나라는 존재가 이리 된 것은 내가 택한 것이 아니다……'

아무런 답도 없는 생각들 속에서 소년을 둘러싼 어둠은 더욱 짙어지는 것 같았다. 집이라고 다르지 않았다. 어머니는 그를 보기만 해도 괴로워했다.

"대체 내가 전생에 무슨 죄를 지어서 네가……"

자꾸만 쌓이는 슬픔과 누구를 향할지 모르는 울분이 목 끝까지 차오르면 어머니는 아들에게 쏟아내기도 했다.

"제발 나가 죽어라!"

그가 있을 곳은 어디에도 없었다. 누구도 그의 편이 아니었다. 사람들이 무심코 뱉어버린 말들은 아직 덜 자란 마음을 도려냈다.

다행인지 불행인지 마을의 외톨이가 유석영 하나는 아니었다. 동네 여기저길 다니며 온갖 참견을 하는 아저씨가 한 명 있었다. 어찌나 남의 일에 간섭을 하고 다니는지 그 아저씨만 나타나면 동네 사람들은 슬금슬금 자리를 뜰 정도였다.

어느 날엔가 그 아저씨가 유석영에게 툭 던지듯 말했다.

"석영이, 너는 앞을 보지 못해도 목소리가 좋고 말도 잘하니까 방송국에 가서 아나운서나 돼봐라."

마을 사람들이 들었다면 코웃음을 쳤을 것이다. 그러나 무엇도 될 수 없을 줄 알았고, 무엇이 될 수 있는지 말해주는 이도 없었던 어린 소년에게는 다르게 들렸다. 외톨이 아저씨의 그 말은 마치 신탁이라도 내린 듯 그가 있을 곳을 정해주었다.

'방송국…… 그래, 방송국에 들어가면 되겠구나.'

칠흑처럼 새까맸던 소년의 미래에 한 줄기 빛이 드리우는 것 같았다.

그즈음 그의 아버지도 마음을 굳게 먹었다. 집에서 키우는 소에게 줄 여물을 작두로 써는 일을 아들에게 맡겼다. 동전 같은 작은 물건을 땅에 떨어뜨리기라도 하면 먼저 찾아주지 않고 아들더러 스스로 찾게 했다.

"너는 어차피 안 보이는 상태로 평생을 살아야 하니까 독립적으로 살 마음가짐을 키워놓아라."

유석영은 앞을 보지 않고도 살아가는 방식을 그렇게 더듬어 찾아나갔다.

'나도 언젠가 라디오에서 이야기하는 사람이 될 거야.'

외톨이 아저씨의 말을 들은 후로 유석영은 라디오를 끼고 살

왔다. 상상 속에서 그는 멋진 아나운서가 되어 있었다. 그러던 어느 날엔가 라디오를 진행하는 아나운서가 아침에 있었던 일이라며 말을 꺼냈다. 이야기인즉슨, 아침에 늦잠을 자는 바람에 안경을 놓고 나왔고, 그래서 원고를 읽기가 힘들어 아침 뉴스에서 아주 당황했다는 것이었다.

'아나운서도 원고를 읽는 거구나. 그냥 말하는 게 아니었어.'

시골에 살며 라디오가 거의 유일한 대중매체이자 꿈이었던 소년에게 그 이야기는 청천벽력의 충격이자 공포로 다가왔다. 아나운서도 누군가 써준 원고를 읽고 말하는 직업일 뿐임을 깨닫고 그는 절망에 빠졌다. 원고를 읽을 수 없으니 아나운서가 되기란 불가능한 게 아닌가.

유석영의 미래는 다시 닫혔다. 그는 좁디좁은 현실에 갇혀 방황했다. 공부에 손을 놓아서 꼴등에 가까운 성적으로 고등학교를 졸업했다. 친구들은 대학이니 직장이니 군대니 자신이 있을 장소를 찾아 떠나는데 그만이 갈 곳을 몰라 홀로 남겨졌다.

마음속 한 줄기 빛이 드리웠던 길에 다시 캄캄한 어둠이 깔렸다. 자포자기의 심정으로, 반쯤은 다시 길을 찾고 싶다는 마음으로 얼마 안 되는 돈을 쥐고 무작정 서울 가는 기차를 탔다. 서울 거리를 헤매고 다니다 영등포에서 노숙을 했다. 동이 트면 저마다의 직장으로 바삐 향하는 사람들의 발걸음 소리를 들으며 갈 곳 없는 자신의 처지를 슬퍼했다.

'저렇게 다 밥벌이를 하고 사는데……'

해 질 녘이 되어 집으로 돌아가는 사람들의 기척에도 또다시 슬퍼했다.

'다들 집으로 돌아가는데 내가 속할 곳은 어디일까.'

집을 나온 지 보름이 흘렀다. 때는 5월인데 거리는 어찌나 춥던지 노숙은 체질이 아니다 싶었고, 결국 집으로 돌아가자 마음을 먹었다. 그래도 돌아갈 곳이 있지 않은가.

밤이 지나고 아침이 되어 길을 나서는데 누군가 그의 어깨를 툭 쳤다. 뒤돌아서서 듣고 보니 구걸을 하려고 건드린 것이었다. 보름간 노숙하느라 행색이 말이 아니었을 텐데 왜 돈 있어 보이는 사람한테 가지 않고 자신에게 구걸을 하는지 의아했다.

"돈이 없어요."

정말로 돈이 없었다. 겨우 집으로 갈 차비만을 남겨놓은 상태였다. 상대는 그제야 유석영이 시각장애인이라는 것을 깨달은 눈치였다. 영업 개시에 실패한 노숙인은 속마음을 노골적으로 드러냈다.

"거 아침부터 재수 더럽게 없네."

그 한마디를 던지고 그는 멀어져갔다. 모든 것을 포기한 자가 인생 밑바닥에서 어떻게 살아가는지를 유석영은 난생처음 접했다. 저 밑바닥이 나의 미래가 될 수도 있다고 생각한 순간 가슴속에서 뜨거운 것이 울컥 치밀어올라 전봇대를 붙잡고 토해내듯 울었다. 쌓여 있던 울분과 두려움, 절망과 불안을 모두 쏟아냈다.

자포자기한 채 가라앉은 마음이 그제야 서서히 떠올랐다. 돌아갈 집이 있다는 것이 감사했고 앞을 못 보는 것 외에는 사지가 멀쩡하다는 것도 감사했다. 그렇게 생각하니 조금씩 희망이 보였다.

남이 나를 규정하는 대로 나 자신을 규정하지 말자. 따지고 보면 앞을 보지 못한다는 것 외에는 다 멀쩡하지 않은가. 나에게 주어진 운명이라면 그것을 받아들이고 내가 할 수 있는 일을 해보자. "이제 틀렸습니다"라는 말이 틀렸음을 증명해 보이리라. 그렇게 마음을 고쳐먹었다.

집에 돌아온 유석영은 재활 훈련을 받고 책도 다시 들었다. 그러자 외톨이 아저씨의 말이 귓가를 맴돌기 시작했다. 늘 '안 된다'는 말만 들었지 뭔가가 '될 수 있다'는 말을 들은 것은 여전히 그때가 처음이자 마지막이었으니까.

지각 덕분에 잡은 기회

무슨 일이든 하는 게 중요했다. 쓸모없어지는 것이 무엇보다 두려웠던 유석영에게는 작은 역할이라도 절박했다. 자신을 필요로 하는 곳이 있다는 것이 그로서는 가장 기쁜 일이었다. 마침 자원봉사 단체에서 일할 기회가 생겼다. 1980년대 당시에 시각장애인들은 위험하다는 이유로 물놀이를 하러 가기가 어려웠다. 가려면 자원봉사자가 일대일로 붙어야 했는데 그가 일하던 단체에는 자원봉사자가 열 명 정도로 턱없이 부족했다. 피서철에 다른 시각장애인들을 물가에 데려갈 방법이 없을까 고민하다가 즐겨 듣던 라디오 방송이 떠올랐다. 라디오에 엽서를 보내보자!

그길로 CBS 라디오 방송에 엽서를 보냈다. 자원봉사자 모집 광고를 해달라는 내용으로, '여름에 바캉스를 즐기자!'라는 제목을 달고 꽤 그럴듯하게 써서 보냈다. 그리고 며칠 뒤 낯선 사람의 전화를 받았다. 전화를 걸어온 사람은 다름 아닌, 엽서를 받은 라디오 방송의 피디였다.

"방송에 나와서 직접 설명하는 게 어때요?"

귀가 번쩍 뜨였다. 잔향으로만 남아 있던 외톨이 아저씨의 말이 심장을 울릴 정도로 귓가에 다시 맴돌았다. 어쩌면 기회일지도 모른다!

오후 4시 방송이니 3시 10분까지 오라는 말을 듣고 일찍부터 서둘렀지만 서울 지리를 잘 모르는 유석영은 방송국 근처까지 와서 한참을 헤맸다. 겨우 방송국에 도착하니 3시 45분. 피디는 안절부절못하며 말할 내용을 적어 왔냐고 물었다. 그럴 리가.

"말할 내용은 제 머릿속에 있는데요."

피디는 놀란 기색이 역력했지만 생방송이 임박했으니 어쩔 도리가 없었다. 그대로 유석영을 라디오 부스로 들여보냈다. 만약 그가 더 일찍 도착했더라면 피디는 출연자를 다른 사람으로 교체했을지도 모른다. 길을 헤맨 것이 유석영에게는 오히려 좋은 결과를 낳은 것이다. 피디의 걱정과 달리 유석영은 배정받은 15분간 디제이와 즐겁게 말을 주고받으며 방송을 성공적으로 마쳤다. 부스 밖에 있는 피디의 얼굴도 점점 밝아졌다. 방송을 끝내고 나오는 유석영에게 피디는 뜻밖의 제안을 했다.

"어때, 리포터부터 한번 해볼래?"

어안이 벙벙했다. 장난으로 하는 말이겠지 싶었는데 말투가 사뭇 진지했다. 알고 보니 1986년 당시 CBS에서는 다가오는 88 올림픽에 연이어 개최될 1988 패럴림픽을 취재할 다양한 목소리를 찾고 있었고, 유석영은 때마침 나타난 적임자였다. 진짜구나, 진짜야. 외톨이 아저씨의 덕담인지 조언인지 모를 말이 현실이 되는 순간이었다. 한 줄기 빛뿐이었던 길이 형광등을 켠 듯 환해졌고, 마침내 그의 꿈이 이루어졌다. 방송인이 되겠다는, 그리고 사회에서 자신의 자리를 만들겠다는 오래된 꿈이.

'시각장애인 유석영', 사람들은 그를 이렇게 불렀다. 장애인에게 장애인이라고 말하면 장애인이 될 것이고, 장애인에게 방송인이라고 말하면 방송인이 될 것이다. 장애는 그 사람을 규정하는 정체성이 될 수 없다. 그 사람을 제대로 설명해주지도 못한다. 그날은 시각장애인 유석영이 '방송인 유석영'으로 변신하는 순간이었다.

AGIO ———————————————

Chapter 2

꿈만 같은 이야기의 서막

다른 세계를 사는 사람들

1986년부터 1998년까지 CBS는 유석영의 일터였다. 주로 장애인의 삶과 현실을 취재했고, 1988년에는 88 장애인올림픽대회 특별취재단으로 활동하기도 했다. 어려운 점도 있었지만 취재가 적성에 잘 맞았다. 일에서 얻은 가장 중요한 가치는 무엇보다 사회의 일부가 되어 동료들과 어울리고 월급을 받는다는 점이었다. 일은 그에게 사회인으로서의 일상을 가져다주었고 자연스러운 소속감을 주었다. 그런 시간이 쌓이며 유석영의 가슴속 꿈은 점점 자라나서 향긋한 풀내음을 풍기기 시작했다.

1999년 분당 가나안복지산업이 주민들의 반대에 부딪혔다는 소식을 들은 유석영은 12년간 몸담았던 방송계를 떠나 장애인 직업재활시설의 설립에 뛰어들었다. 본격적으로 장애인 복지를 위해 일하는 삶이 시작된 것이다. 2004년에는 파주의 지적 장애인들이 일하는 가구공장 '일굼터'의 사정이 어렵다는 것을 듣고 선뜻 맡아서 매출을 올려보기도 했고, 2006년에는 사람들과 뜻을 모아 한국장애인직업재활시설협회를 창립했다.

같은 해 유석영은 파주시 장애인종합복지관 관장직을 맡았다. 당시 경기도에는 청각장애인을 위한 사업이 극히 드물었기에 그는 직접 시범 사업을 추진하고 제대로 운영해보자고 의욕을 불태웠다. 청각장애인들에게 운전과 꽃꽂이를 가르치는 것을 비롯해 여러 가지 프로그램을 야심차게 준비했다. 그런데…… 어찌된 일인지 아무도 오지를 않았다.

왜일까? 홍보가 부족했던 탓일까? 아니면 준비한 프로그램이 청각장애인에게 썩 매력적이지 않은 걸까? 영문을 모른 채고민하는 시간이 이어졌다. 청각장애인 관련 사업을 맡고 있는 복지사들에게 의견을 구하고 청각장애인들을 직접 마주하기도 하면서 유석영은 그 이유를 알게 되었다.

가난하기 때문이었다. 청각장애인 대부분이 직장이 없어 수급에 기대거나 하루 벌어 하루 사는 팍팍한 삶에 갇혀 있는 마당에, 한가롭게 꽃꽂이나 하러 올 리가 있겠는가. 그들에게 필요한 건 취미가 아니라 일자리였다.

뒤늦게 현실을 알게 된 유석영은 자신이 한없이 부끄러워졌다. 시각장애인이 세상에서 제일 힘든 줄 알고 살아왔다. 보이지 않는 것만 한 좌절이 어디 있겠느냐고 생각해왔다. 그런데 청각장애인들을 가까이서 만나며 반드시 그렇지도 않다는 사실을 깨달았다. 수어로 된 교육 프로그램이 널리 보급되지 못한 탓에 청각장애인은 전반적으로 학력이 낮았다. 거기에 소통까지 어려우니 흔히 말하는 3D 직종에서 힘들게 살아가는 이들이 많았다.

복지관장이 되어 처음 청각장애인들을 접하면서 유석영은 그들의 현실을 목격했다. 세상 사람들과 다른 언어, 즉 수어를 쓴다는 것은 '고립'을 의미했다. 같은 청각장애인끼리만 주로 소통하다 보니 자신들만의 문화가 생기고, 그들만의 세상이 구축되었다. 그 속에서 그들끼리만 살아온 것이다.

한번은 청각장애인들과 캠프를 갔는데, 유석영은 그날 밤새 잠을 이루지 못했다. 사람들이 어찌나 큰 소리를 내는지, 문을 쾅쾅 닫고 쿵쾅거리며 발소리를 내고 다녔다. 저런 매너 없는 사람들이 다 있나, 대체 왜 잠도 안 자고 시끄러운 소리를 내며 다니는지, 짜증이 나서 속으로 꿍하는 마음을 삭였다. 다음 날 집으로 돌아오는 길에 그는 가만히 생각해보았다. 내가 청각장애인이라면 어떻게 생활을 할까.

들리지 않으니 내가 내는 소리가 시끄러운지 모를 것이고, 소리 없이 눈에 보이는 것으로만 판단할 것이다. 농문화는 몸짓과 움직임 자체가 바로 언어다. 동작이 크고 뭐든지 표정과 몸으로 표현해야 한다. 그렇게 청각장애인이 살아가는 방식을 짚어가다 보니 지난밤 그들의 행동이 서서히 이해되었다.

'똑같이 장애인으로 묶이는 사람인데도 이렇게 다른 세계에서 살고 있구나.'

새삼 부끄러움이 밀려왔다. 이들을 이해하지 못하면서 대체 무슨 복지를 한단 말인가. 명색이 장애인 복지를 한다는 사람이, 청각장애인들의 가난한 현실도 모른 채 허울 좋은 시범 사업이나 하고 있었다는 것도 부끄러웠다. 유석영은 자신이 무엇을 할 수 있을지 처음부터 다시 생각하기 시작했다.

교양 강좌가 아니라 일터를 만들어야 한다. 유석영은 그 점을 절실하게 깨달았다. 직업을 갖지 못한다는 것, 그것은 장애인에게 이루 말할 수 없는 큰 불안이다. 오갈 데 없던 영등포 거리에서의 경험을 아직도 생생하고 아프게 기억하고 있다. 세간의 인식에서 장애인이란, 사람의 반열에 들어오지 못하는 '대상자'일 뿐이었다. 그는 그것을 극복하고 싶었다. 그러려면 한 사람 몫으로 사회에 참여해야 한다.

당장 추진하고 싶었다. 40대의 유석영은 혈기가 왕성했다. 친하게 지내던 파주시 농아인협회 회장과 이야기를 나누면서 일터를 만들면 청각장애인들이 오겠는지 물었다.

"당연히 오죠. 올 거예요."

협회장도 그의 말에 반색했다.

"그런데 어떤 일자리를 만들려고요?"

유석영에게는 믿는 구석이 하나 있었다.

그날 본 구두 만드는 풍경

———

CBS에서 방송 일을 했을 적에 유석영은 장애인들이 있는 곳이라면 어디라도 마다하지 않고 달려가서 취재하곤 했다. 그중에서도 가장 인상적인 취재가 있었는데, 이름만 대면 누구나 알 만한 구두 브랜드의 공장에 찾아간 일이었다.

공장에는 청각장애인이 굉장히 많았고, 다들 자기 자리에서 열심이었다. 일하는 손놀림이 어찌나 경쾌하던지 활기와 에너지가 소리로도 전해졌다. 당시 들은 바에 의하면 1980~1990년 대에 구두 생산직의 40퍼센트가 청각장애인이었다고 한다. 청각장애인들은 귀가 안 들리는 대신 집중력과 손재주가 좋아서 손으로 하는 일에 많이들 종사한다고 했다. 아마 저렴한 임금으로 쓸 수 있어서 공장에서도 그들을 선호했을 것이다. 무슨 이유였건 한 사람 몫을 해내는 그 많은 장애인들을 한자리에서 마주한 것은 유석영으로서도 그때가 처음이었다.

'아, 장애인들이 이렇게나 일하고 있구나. 나도 기회가 되면 이런 일을 하고 싶다.'

'이런 일'이란 많은 장애인들에게 일할 수 있는 기회를 만들어주는 것을 의미했다. 유석영 자신은 일을 하고 있지만 그것이 얼마나 큰 행운이었는지를, 그리고 그렇지 못한 장애인이 많다는 사실을 잘 알고 있었다. 그들에게 필요한 건 돈이나 동정이 아니라 떳떳하게 일할 기회라고, 줄곧 생각했다.

CBS에서 보수를 받으며 일할 수 있기 전까지 그를 가장 괴롭힌 것은 스스로가 쓸모없고 짐만 되는 존재라는 자괴감이었다. 그러한 처지가 달라지고 자존감을 회복한 것은 자신의 힘으로 생계를 책임지게 되면서부터였다. 그 당당한 기쁨을 어디선가 비슷한 역경의 시간을 보내고 있을 다른 장애인과도 나누고 싶었다. 언젠가 장애인에게 일자리를 제공하고 그들을 직원으로서 정당하게 대우하리라. 그 자리에서 어렴풋이 다짐했다.

'어떤 일자리를 만들려고 하느냐'는 물음에 답은 이미 정해져 있었다.

　구두 회사를 만들자. 그날 본 구두 만드는 풍경을 우리가 만들자.

　몰라서 용감했는지, 하나에 꽂히면 물불 가리지 않고 뛰어드는 성정 때문인지 유석영은 간단하게 구두로 결정을 내렸다. 우리나라 구두 공장이 거의 동남아시아 등지로 이전했다는 것은 익히 들어서 알고 있었다. 그러면서 공장에서 일하던 사람들도 일자리를 잃고, 청각장애인 직원들도 당연히 오갈 데 없는 처지가 되었다는 것 역시 알았다. 우리가 다시 구두 공장을 열면 그때의 청각장애인 기술자들이 모여들지 않을까? 막연하고 즉흥적인 아이디어였지만 추진이 불가능해 보이지 않았다. 유석영은 자신이 공장을 지을 테니 사람들을 모아달라고 농아인협회 회장에게 부탁했다.

　그렇게 회사를 만들겠다고 호언장담은 했으나 돈이 나올 구석이 없었다. 정부 기관을 한참 찾아다니던 끝에 한국장애인개발원 지원 사업에 응모해 1억 원가량을 지원받았다. 그 후 사회적 기업으로 인증을 받아 복지관 산하에 '구두만드는풍경'을 설립했다.

　일반 기업이 아닌 사회적 기업을 택한 이유가 있었다. 사회적 기업은 취약계층을 위한 일자리나 사회서비스 제공 등 사회적 목적을 실현하면서 이윤을 내는 기업이다. 사회적 기업으로 인증을 받으면 인건비와 4대 보험료 지원, 법인세·소득세 50퍼센트 감면 등의 혜택을 받을 수 있었다.

구두만드는풍경이라는 회사 이름은 유석영이 지었다. 뻔하지 않은 이름을 짓고 싶었다. 말하지 못하고 듣지 못하는 상태에서의 움직임, 즉 소리가 배제된 이미지만을 생각하니 자연히 '풍경'이라는 낱말이 떠올랐다. 청각장애인들이 정성을 들여 구두를 만드는 동작과 모습이 하나의 풍경처럼 구두에 녹아 들어갔으면 좋겠다는 마음이었다.

복지관 산하의 사업체니 복지관 직원들이 파견을 나가 행정 업무를 보기로 했다. 장애인종합복지관의 사무국장으로 근무하고 있던 이선우는 유석영의 제안을 듣자마자 가슴이 뛰었다. "청각장애인의 자립과 그들만의 강점에 초점을 맞춰서 가난한 그들이 경제활동을 할 수 있도록 하자"라는 유석영의 말이 마음을 울렸던 것이다. 장애인들에게 지속 가능한 도움을 주고 싶다는 것은 이선우의 오랜 소망이기도 했다. 장래성 있는 일자리를 만들어 장애인들이 자립해나갈 수 있게 한다니, 그야말로 꿈만 같은 이야기였다. 정말 그렇게만 될 수 있다면 더할 나위 없었다. 이선우는 아지오의 행정과 관리 업무를 맡기로 했다.

구두 공장을 운영하려면 넓은 부지가 필요했다. 경기도 파주시 월롱면 영태리에 265제곱미터(약 80평)짜리 조립식 공장을 얻었다. 월세는 80만 원이었다. 나머지 자본금으로 중고 기계를 열두 대 사들이고 장비도 샀다. 공방 정도의 규모라면 기계 없이 해나갈 수 있을지 몰라도, 공장 수준에서는 어림도 없었다. 가죽을 재단하는 기계나 구두를 성형해주는 기계, 구두 본체와 밑창을 붙여 압축하는 기계가 필요했다. 기계를 들이고 나니 지원금이 바닥났다. 구두 만들 가죽이며 밑창 같은 재료도 필요한데 이를 어쩐다. 결국 사비를 보탰다. 국내 유명 제화업체에 가죽을 대던 창성피혁에서도 뜻을 함께해 가죽을 납품해주었다.

겨우 공장의 형태가 갖춰졌다. 이제 이 공장에서 생산되는 구두 브랜드의 이름을 정할 차례였다. 직원들에게 구두 브랜드 명을 공모했다. 사무국장을 맡은 이선우는 고민 끝에 이탈리아에서 유학한 여동생에게 이탈리아어로 적당한 이름이 없을지 물었다. 여동생은 '아지오_agio'가 이탈리아어로 '편안한', '안락한'이라는 뜻이니, 구두만드는풍경에서 생산하는 구두를 신고 편안하길 바라는 마음으로 '아지오'라 정하면 어떠냐고 했다.

"오, 그거 좋은데?"

다음 날 사무실에 나가 전하니 다들 좋다고 했다. 유석영도 너무 무겁지 않고 부르기도 편한 이름이라 마음에 들었다.

'이제부터 아지오 구두를 생산하는 거다!'

투자도 받고 브랜드 이름도 생기고 공장도 갖춰지니 제법 그럴듯했다. 아니, 솔직히 말하자면 아주 멋있어 보였다. 몹시 추웠던 2010년 12월, 그렇게 아지오는 공장을 세우고 기계를 마련하고 이름도 얻었다. 이듬해 1월 2일에는 청각장애를 가진 여섯 명의 사원들이 벅찬 가슴을 안고 출근하면서 아지오의 시대를 열었다.

이제 구멍 하나만 메우면 완벽했다. 물론 아주 커다란 구멍이었으니, 구두를 만들 기술자가 없었던 것이다. 그제야 유석영은 구두 장인을 수소문했다. 어떤 사람이 안정적인 일자리를 두고 작은 회사에 불과한 아지오에 동참해줄지 걱정이 앞섰지만, 일단 할 수 있는 데까지 부딪쳐보기로 했다. 그때 그의 귀에 들어온 이름 하나가 있었다. 40여 년 동안 구두를 만들어왔다는 잔뼈 굵은 기술자, 안승문.

선수 입장

———

"아니, 오늘도 오셨어요?"

앞도 보지 못하는 유석영은 벌써 다섯 번째 안승문을 찾아갔다. 청각장애인들이 일하는 구두 공장을 세우겠다는 뜻은 좋지만 제시하는 조건이 맞지 않았다. 안승문은 40년을 한길만 걸었다. 그 오랜 기간 기술을 쌓아온 장인의 자존심이 결코 용납할 수 없는 액수였다.

안승문은 1970년대, 열세 살에 처음 양화점에 들어가 구두 일을 배우기 시작했다. 집안이 워낙 가난해 먹고살려고 시작한 일이 그의 평생 직업이 되었다. 양화점에서 먹고 자고 하면서 어깨너머로 기술을 익혔다. 눈치로 배운 기술을 착실히 연습했더니 성인이 된 후에는 자립할 수 있었다. 20대에는 양화점을 차리기도 했고 큰 제화업체들이 생기면서는 몇몇 곳에서 일하며 경력을 쌓았다. 재빠른 손으로 날렵하고도 편안한 구두를 만드는 솜씨가 일품이었다. 실력이 소문난 다음에는 서로 웃돈을 주고 데려가려는 치열한 스카우트의 대상이 되기도 했다.

1990년대 이후 제화산업이 조금씩 쇠퇴하면서 국내에는 구두 기술자들이 사라져갔다. 안승문의 동료들도 하나둘 떠나갔다. IMF 이후 큰 제화업체들이 문을 닫았고 하청업체로부터 켤레당 얼마씩 쳐서 납품을 받는 형태로 바뀌었다. 동남아시아에서 생산한 제품에 브랜드만 붙여 파는 제품도 많았고 값싼 중국산 제품들이 밀려들어 왔다. 안승문은 그런 와중에도 손에서 일을 놓지 않았고 2010년에는 유명 브랜드의 하청업체에서 구두를 만들고 있었다.

그러던 와중에 느닷없이 유석영이라는 사람이 찾아온 것이다. 처음에 한번 만나자 해서 갸웃거리며 나갔더니 대뜸 도와달라고 했다.

"좋은 손재주를 가지고 있는 청각장애인들을 어엿한 직장에서 일하게 해주려고 합니다. 이번에 공장도 마련했고, 구두 장인들로 키우고 싶은데 기술자가 없습니다. 선생님밖에 없습니다. 도와주시죠."

안승문도 취지는 알 것 같았다. 하지만 이야기를 더 듣기 전에 먼저 확인할 것이 있었다. 급여로 얼마를 줄 수 있는지였다. 유석영이 이것이 최선이라며 제시한 금액은 안승문이 현재 받는 월급의 절반도 안 되는 수준이었다.

"좋은 일 하시려는 건 알겠는데, 저도 가정이 있는 사람이라 그렇게는 어렵습니다. 더군다나 말이 안 통하는데 제가 무슨 도움이 되겠어요? 다른 사람 알아보세요."

안승문은 단호하게 거절했다.

하지만 어떻게 된 것인지 아무리 거절을 해도 유석영은 같은 얼굴로 자꾸 찾아왔다. 곤란하다 못해 괜히 미안한 마음에 몇 번 밥을 사주고 보내기도 했다. 낯이 익을수록 조금씩 마음이 흔들렸다. 듣자 하니 복지관장이라는 사람이 할 일도 아닌 것

같던데 대체 무엇 때문에 이렇게까지 애를 쓰는 건지 신기하기도 했다. 그렇다고 상황이 변하는 건 아니었다. 돈도 돈이지만 구두 경력이 전무하다시피 한, 그것도 말도 통하지 않을 청각장애인들을 가르치면서 일해야 한다니, 누가 들어도 고생길이 훤하지 않은가.

하지만 안승문에게도 유석영을 딱 잘라 내치지 못하는 이유가 있었다. 안승문의 아버지도 청각장애인이었다. 글도 모르고 평생 농사만 짓고 살았던 아버지. 듣지 못한다는 이유로 마을에서 안 좋은 일만 생기면 아버지가 누명을 쓰기 일쑤였다. 그것이 한스러워 싸우기도 참 많이 싸우며 자랐다. 유석영의 이야기를 듣고 있으니 억울해하는 아버지를 어떻게든 지키고 싶었던 어린 마음이 떠올랐다.

그러니 청각장애인의 일이 그에게 완전히 남의 일이 될 수는 없었다. 자기도 눈이 안 보이면서 지칠 줄 모르고 찾아오는 유석영이라는 사람에게도 정이 들 지경이었다. 열 번 찍어 안 넘어가는 나무 없다는 그 말이 자신에게 해당될 줄은 몰랐다. 마음이 자꾸 기울더니 어느 날에는 몸까지 움직였다.

'어떻게 하고 있는지 한번 가서 보기나 하자.'

하든 안 하든 궁금해서 한번 눈으로 확인하고 싶었고, 결국 파주에 있다는 아지오 공장에 찾아갔다. 파주 안에서도 아주 깊이 들어가야 하는 먼 길이었다. 유석영은 매번 이 길을 오고 돌아갔던 것이다. 칼바람이 부는 파주 변두리에 철제 공장이 외롭게 서 있었다. 문을 열고 들어가니 안승문을 맞은 유석영이 화색을 띠었다. 잠시 이야기를 나누면서 사회복지사와 청각장애인 직원들이 분주하게 움직이는 모습을 한동안 지켜봤다. 정말 무엇 때문인지 하나같이 열심이었지만 일하는 본새가 엉성하기 그지없었다. 전문가가 한 명쯤은 필요해 보였다.

'다들 참 애쓰는구나.'

모처럼 많은 청각장애인을 마주해서인지, 돌아오는 길에 안승문은 아버지를 떠올렸다. 그 어떤 상황이든 안승문은 늘 아버지 편이었다.

안승문은 결심을 굳혔다. 이 무슨 얄궂은 운명인지 몰라도 내 앞에 놓인 게 이 길이라면 한번 걸어가보자고. 나중에 가서 후회할지언정 한번 해보고 후회하는 게 낫겠다고 생각했다. 먹고살기 위해 구두를 만드는 거라면 지금까지 원 없이 해왔으니, 앞으로도 구두를 만들어야 한다면 다른 이유를 찾아보고 싶다는 마음도 있었다.

'그래. 청각장애인 아버지 밑에서 자란 내가 아니면 어떤 구두 기술자가 일부러 나서서 이 일을 하겠는가. 그 사람들의 설움도 고통도 아는 내가 가야 할 자리다.'

이제 가족에게 결심을 알릴 차례였다. 어렵사리 말을 꺼낸 그의 앞에서 가족들은 못마땅한 표정을 지었다. 이제 젊은 나이도 아닌데 사서 고생한다고, 정말 괜찮겠냐고 물어왔다. 월급까지 깎인다는 걸 알고 나서는 대놓고 말렸다. 노후를 준비할 때가 아니냐는 가족들 말도 맞았다. 하지만 안승문의 표정에는 흔들림이 없었다. 그로부터 며칠 뒤, 유석영에게 전화를 건 안승문은 파주로 가겠다고 했다.

한 켤레를 만들어도 제대로

아지오에 들어오는 조건으로 안승문은 유석영에게 한 가지 약속을 받아냈다.

"구두는 얼렁뚱땅이 아니라 제대로 만들어야 됩니다."

안승문에게 가장 우려되는 점은 줄어든 월급이 아니었다. 경험 없는 회사에서 경험 없는 직원들과 일하면서 구두의 품질이 떨어지지 않을까 걱정스러웠다. 그건 40년 장인의 자존심이 허락하지 않는 문제였다. 신발을 대충 만든다는 것은 안승문의 사전엔 없는 일이었다.

구두라는 것이 신을 때는 막 신고 다니지만 만들 때는 그렇게 까다로울 수 없다. 옷의 치수를 재는 단위가 인치라면 신발은 밀리미터가 아닌가. 그만큼 세밀하다는 말이다. 1~2밀리미터의 작은 차이가 발에는 엄청난 불편함 혹은 편함으로 다가온다. 불편하거나 아픈 신발을 신고 나간 경험이 누구나 한 번쯤 있을 것이다. 그런 날은 하루 종일 신경이 쓰이고 고통스럽다. 한 발짝 내디디는 일조차 괴로워 아무것도 눈에 들어오지 않고, 무엇 하나 제대로 할 수 없다. 오로지 얼른 집에 들어가서 이놈의 신발짝을 벗어 던지고 싶다는 생각뿐. 그렇게 신발은 생활의 질을 좌우한다고까지 할 수 있다. 그러면서도 스타일을 완성하는 요소인 만큼 모양도 아름다워야 선택받을 수 있다. 이런 사실을 누구보다 잘 알았던 안승문에게 대강 만든 신발은 안 만드느니만 못한 것이었다.

안승문은 장애인들이 만드는 신발이기에 더더욱 고급품을 지향해야 한다고 믿었다. 주위에다 아지오에 들어가기로 했다고 하니까 "장애인들하고 뭘 하겠냐"는 소리도 들었다. 장애인이 만든다고 하면 미심쩍은 태도로 보는 게 세간의 인식인데 정말 제품이 좋지 않으면 도리어 장애인들을 욕보이는 일이 되지 않겠는가.

시장에는 이미 값싼 외국산 신발이 가득했다. 솔직히 말해, 저렴한 가격치고 디자인도 나쁘지 않다. 50년, 100년 된 브랜드들이 내놓는 구두도 널려 있다. 이제 갓 출발한 작은 회사가 이처럼 자본과 인지도를 앞세워 대량생산하는 제품들과 어떻게 차별화하여 경쟁할 수 있을까.

안승문은 그 답이 수제화를 통한 고급화에 있다고 보았다. 소량으로 생산한 수제품의 가치를 알고 선호하는 사람들이 분명히 있다. 공장식으로 찍어내는 햄버거보다 몇 배나 비싼 '수제' 버거에 사람들이 몰리고 '핸드메이드'라는 말이 붙으면 가격이 높아도 기꺼이 지갑을 여는 사람이 많이 있다. 어차피 아날로그 방식으로 구두를 만들어야 한다면 '수제화'라는 것을 내세워 고급화해야 한다. 지속 가능하려면 '장애인 구두'가 아닌 '고급 구두 브랜드'가 되어야 한다는 것이 안승문의 판단이었다.

이런 생각은 유석영도 마찬가지였다. 아지오를 만들 때부터 누군가의 호혜로써 사업을 할 생각은 없었다. 그것은 장애인들에게도 예의가 아니고 자립을 향한 길도 아니다. 구두는 구두로 말해야 하고 품질로 인정받아야만 한다. "장애인이 만든다는데 하나 사주자"가 아니라 "이렇게 신발이 좋은데, 게다가 장애인이 만든다니 의미도 좋네?"라는 평가를 받는 데까지 이르러야 한다.

안승문은 저렴한 합성피혁 대신 소가죽을 선택하자고 했다.

천연 가죽은 부드럽고 튼튼해서 여기저기 부딪혀도 쉽사리 찢어지지 않고 충격을 곧잘 흡수해 발을 지지해준다. 시중에 있는 저렴한 구두는 다 합피로 만드는데 육안으로 봐서는 진짜 천연 가죽과 좀처럼 구분하기 힘들다. 하지만 발에 닿는 감촉은 분명 달라서 신어보면 바로 알 수 있다. 무게부터 다른 것이, 천연 가죽은 합피만큼 가볍지 않다. 가죽에 있는 모공이 숨을 쉬기 때문에 발 건강에도 좋다. 아지오는 구두 안감까지 천연 가죽을 택해서 이 장점을 극대화시켰다. 일반적으로 안감을 만들 때는 돼지가죽이나 일명 '레자'라고 불리는 합성 가죽을 쓴다. 소가죽은 합성 가죽보다 신축성이 좋아 착화감이 좋고 시간이 지나도 호일 안감처럼 바스러지지 않는다. 코팅하지 않은 천연 가죽은 처음 얼마간은 물이 빠질 수 있어 주의해야 하지만 발이 편하게 숨을 쉴 수 있기 때문에 안승문은 안감마저 천연 가죽을 고집했다.

안창이나 중창, 겉창 등도 가급적 국내산으로, 전국 곳곳에 퍼져 있는 공장들을 하나하나 찾아다니며 제작했다. 신발의 편안함을 책임지는 자재들이기에 더 부드럽고 탄력 있는 재질로 따로 주문했다. 생산 원가가 높아진 것은 당연한 결과였다.

그러나 이게 끝이 아니었다. 좋은 재료는 기본일 뿐, 최고의 구두를 만들기 위해서는 그에 마땅한 제작이 필요했다. 아무리 안승문이 편안한 구두 틀을 설계하고 각 신발에 가장 어울리는 소재를 선택하고 적합한 패턴을 짜는 데에 탁월하다 할지라도, 구두는 제조 과정 자체가 복잡하고 많은 연습을 필요로 하며, 작은 실수도 큰 불편으로 이어지는 섬세한 물건이다. 생전 처음 구두를 접하는 직원들이 모여 쉽게 뚝딱뚝딱 할 수 있는 일이 아니었다. 따라서 안승문은 청각장애인 직원들에게 처음부터 일을 시키기보다는 제대로 가르쳐 그들을 '장인'의 단계로 올라서게 해야 한다고, 공정에 하나라도 실수가 생기면 즉각 버리고 다시 첫 단계로 돌아가고, 문제없이 만들었음에도 고객의 기대를 충족하지 못하면 최고의 편안함을 선사할 때까지 다시 만들어야 한다고 강조했다. 원가가 다시 한번 올라갈 것이 눈에 선했다. 하지만 비싸더라도 제대로 구두를 만든다는 원칙만은 지켜나가자고 약속했다.

타협하지 않고 좋은 재료를 써서 꼼꼼히 지은 수제화는 시중에 흔치 않았고, 실제로 한번 아지오 구두를 신어본 사람들은 호평 일색이었다. 한 고객은 감사의 편지를 보내왔는데 천연 가죽이 어떻게 다른지를 정확히 기록하고 있었다.

"나는 발에 땀이 엄청 많이 나는 편이다. 그런데 아지오를 착용할 때는 전혀 불편함이 없다. 가죽이 숨을 쉰다더니, 끈적함도 없고 이물감도 없다."

물론 고급화 전략에 장점만 있는 것은 아니었다. 대량생산되는 기성화에 비해 가격이 높다 보니, 구두 한 켤레를 사는 데에도 사람들의 마음이 쉽게 움직이지 않았다. 안승문은 그런 사람들이 야속했다.

'딱 한 번만 신어보면 저절로 또 찾게 될 텐데······'

고급화를 위해서는 브랜드 가치도 함께 높아져야 한다는 사실을 미처 생각지 못했다. 사람들은 단순히 물건이 좋아 사는 것이 아니다. 좋고 안 좋고는 경험하기 전까진 알 수 없다. 이때 물건이 좋으리라 기대하도록 만드는 것이 브랜드 가치다. 비슷한 제품이라도 브랜드 가치가 높은 명품을 선호하고, 그곳의 제품이라면 아무리 비싸도 기꺼이 값을 지불한다. 많은 기업이 브랜드 가치를 높이는 데 노력을 기울이는 이유다. 아쉽게도 당시 아지오에는 그런 브랜드 가치가 없었다.

저렴한 커피가 많은데도 스타벅스 커피를 선호하는 이유는 뭘까. '커피가 아니라 문화를 판다'는 스타벅스 CEO 하워드 슐츠의 말처럼 스타벅스의 고객들은 브랜드가 내포한 가치와 이미지를 사는 것이다. 흔히 말하는 명품 브랜드들도 높은 브랜드 가치 덕분에 고급화 전략을 이어갈 수 있다. 샤넬이나 에르메스 같은 브랜드는 온라인 쇼핑몰에서 판매하지 않으며 좀처럼 세

일조차 하지 않는다. 그런데도 예약을 걸어놓고 몇 개월, 몇 년을 기다려서 그 브랜드의 가방을 사려는 고객이 수두룩하지 않은가.

유석영과 안승문은 구두의 품질을 지키는 일에서만큼은 양보하지 않았다. 처음 정한 고급 재료를 계속 밀고 나갔고 정성들여 만든다는 마음가짐도 잊은 적이 없었다. 꾸준하게 좋은 제품을 만들어나가면 시간이 걸리더라도 반드시 소비자는 응답해오리라 믿었다. 그러나 고급화를 추구하자며 뜻을 모은 그들도 브랜드 가치를 판다는 영역에까지는 생각이 미치지 못했다.

오히려 고급화는 당장의 생존을 위한 '불가피한 전략'이었다고 하는 편이 옳으리라. 아지오는 청각장애인의 일터를 만드는 것이 제1의 목표였기 때문에 많은 공정이 손으로 이루어지는 아날로그 제작 방식을 택할 수밖에 없었다. 이것이 대량생산 방식에 맞서기 위해 택할 수 있는 유일한 전략이었다.

그리고 인지도가 전무하다시피 한 기업이 브랜드 가치를 키워 고급화 전략을 성공시키기 위해서는, 그에 걸맞은 시간과 자본이 필요하다는 것도 그들은 뒤늦게 깨달았다.

AGIO ————————

Chapter 3

파주 월롱면의 작은 공장

전 직원의 무단결근

———

'외부와의 소통은 내가 잘할 수 있으니 그들이 솜씨만 부려주면 얼마나 좋은 합작품이 나올까.'

아지오는 유석영의 이런 생각에서 비롯되었다. '그들'이란 물론 청각장애인이다. 아지오의 핵심이라 할 수 있는 사람들. 아지오에서 일할 직원을 모집한다는 공고를 냈더니 청각장애인들이 하나둘 찾아왔다. 복지관에서 교양 강좌를 열었을 때는 관심도 없던 이들이 일터가 생긴다니까 진짜 제 발로 찾아왔다. 그렇게 청각장애인 여섯 명을 직원으로 뽑았다.

안승윤은 청각장애인 직원들 사이에서 리더 역할을 해주었고 세탁공장에서 일하다 온 문창빈은 손재주가 좋았다. 여기저

2018년에 촬영한 구두만드는풍경의 옛 공장 건물.

지금은 다른 제조업체에서 사용하고 있다.

기서 궂은일만 맡으며 장애인이라는 이유로 부당한 처사를 당해온 사람들이 한자리에 모였다. 유석영은 이들이 돈만 버는 게 아니라 기술을 갈고닦아 경제적으로 자립하고 어디에서든 장애인보다 '기술자'로 여겨지길 바랐다.

"여러분이 열심히 노력하고 정직하게 만들면 지금보다 잘살 수 있습니다. 우리 세금 좀 많이 내봅시다!"

처음의 패기와 기대에 반해 현실은 녹록지 않았다. 복지관을 운영하며 그래도 청각장애인에 대해 꽤 많이 알게 되었다고 생각했는데, 회사라는 울타리 안에서 함께 일을 해보니 또다시 새로운 발견의 연속이었다.

하루는 유석영이 공장으로 출근을 했더니 평소라면 들려야 할 소리가 전혀 들리지 않았다. 청각장애인들이 아무도 출근을 하지 않은 것이다. 화들짝 놀라서 직원들이 다들 어디 갔나 수소문했더니, 근처에 있는 마을 이장이 운영하는 공장으로 건너갔다는 것이었다. 이장이 보기에 아지오에 모아놓은 사람들이 다들 젊고 일을 잘하는 것 같으니 월급을 몇 만원 더 얹어주겠다며 꾀어 데려간 것이었다.

'아니, 그렇다고 한마디 말도 없이 그리로 다 가버리다니.'

유석영과 남은 직원들은 황당해서 말을 잃었다. 이를 어쩌나

넋을 놓고 있으니 청각장애인들을 오래 봐와서 잘 안다는 누군 가가 말했다.

"걱정 마세요. 한 사흘 있으면 돌아올 겁니다."

정말이었다. 이직, 아니 이탈을 한 지 이틀이 지났을 무렵부 터 사라졌던 직원들이 공장 주변에 하나둘씩 나타나 서성거렸 다. 청각장애인 직원들의 노동력을 탐내는 곳은 있어도, 이곳처 럼 그들의 이야기에 귀 기울이고 불편이 없도록 대우하는 곳은 없었던 것이다. 유석영은 헛웃음을 지으며 서성이는 직원들을 다시 불렀다.

사실 그는 화가 나기보다는 안타깝고 슬플 따름이었다. 조직 생활에 익숙한 사람의 눈에는 이해하기 어려운 행동이었지만, 그만큼 청각장애인들의 삶은 그들만의 세계 속에 깊이 뿌리박 혀 있었다. 수어가 모국어인 그들에게 한국어는 외국어나 마찬 가지였기에 정보 습득이나 교육에서도 소외되기 일쑤였다. 자 연히 그들끼리 소통하고 교류하면서 만들어진 청각장애인들의 문화에서는 비장애인들에게 당연한 것들이 그대로 적용되지 않았다.

이런 그들이 직장 내 조직생활의 메커니즘에서 벗어나는 것 도 당연했다. 개인적인 일로 너무 쉽게 자리를 비우는 등 월급 을 받는 직장인이라면 있을 수 없는 일들이 종종 벌어졌다. 그러나 장애인이라는 범주에 가두어 특수하게 취급하고 때론 차별을 가하는 것도 서슴지 않으면서, 그들에게 똑같은 사고방식을 강요하는 것도 폭력이 아닌가, 하고 유석영은 생각했다. 이곳의 규칙을 알려주고 그것을 따르게끔 하는 데는 시간이 필요하겠지만 그렇다고 불가능한 일도 아니다. 그렇게 하나씩 해결해나가자고 다짐했다.

그보다 더 큰 문제는 소통에 있었다. 유석영이 머릿속으로 그린 구두 만드는 풍경은 화목하고 아름다운 그림이었지만 그것이 얼마나 속 편하고 단순한 기대였는지를 깨닫는 데는 오랜 시간이 걸리지 않았다. 공장은 안승문의 호통 소리와 유석영에게 불만을 전하러 달려오는 청각장애인들의 발소리로 연일 시끄러웠다.

처음에는 채용한 청각장애인들 모두 어느 정도 구두 일을 해본 사람인 줄 알았는데, 알고 보니 고작 어깨너머로 배운 정도일 뿐이었다. 그러니 공장장이 직원들에게 아주 초보적인 단계부터 일을 가르쳐야 하는데 말이 통하지 않으니 난감했다. 수어통역사를 일주일에 두 번 부르기는 했지만 그걸로는 턱없이 부족했고 더 쓸 형편도 못 되었다. 결국 주어진 작업 시간 내내 손짓 발짓을 해가며 가르치고 소통하는데, 그러니 일이 잘될 리가 없었다. 낯선 사람들끼리 모여 합을 맞추는 것은 비장애인끼리도 쉽지 않은 일인데, 공장장과 청각장애인 직원들 사이에 말이 통하지 않으니 오죽 어려웠겠는가. 안승문이 호통을 치면 유석영이 얼른 가서 말리는 일이 다반사였다.

"아니, 당신이 큰소리쳐봤자 듣지 못하는데 다 무슨 소용이요! 좀 차근차근 알려주고 다독이면서 가르쳐줘요."

불량품이라도 나온 날이면 공장 분위기는 더욱 싸늘해졌다. 서로 자기 탓이 아니라고 발뺌하기 바빴다. 안 되겠다 싶어 한번은 캠코더를 갖다놓은 적도 있다. 나중에 캠코더에 찍힌 영상을 보니 카메라를 의식한 직원들이 아예 소통 자체를 꺼리고 있었다. 공장장의 자존심과 청각장애인의 문화가 이렇게나 대립하리라고는 전혀 생각지도 못했다.

말이 안 통하면 눈치로 통하자

'내가 여길 왜 왔을까.'

얼마나 되었다고, 안승문은 그새 후회가 됐다. 우선 집은 하남인데 공장이 파주인 것이 문제였다. 매일 몇 시간에 걸쳐 통근하는 일부터가 힘들어도 너무 힘들었다. 결국 고시원을 얻어 1년 지내고 사우나에서 1년을 살았다. 그다음에는 개조한 차에서 잠을 자며 일했다.

불편한 밤을 보내고 출근을 하면 햇병아리 같은 직원들을 하나부터 열까지 가르쳐야 하니, 어깨너머 눈치로 익힌 기술이 몸에 밴 장인은 속이 타들어갔다. 한 번 일러줘서 될 일이 아니었다. 직원들도 자신이 잘 이해했나 확신이 없는지 배우고 나서도 우물쭈물하기 일쑤였다.

위험한 기계도 있으니 공장에서는 규율이 필요하다. 혹시 다치기라도 하면 안 그래도 장애를 가진 이들이 이중의 고통을 떠안게 되는 일 아닌가. 안승문은 항상 불안했다. 다른 곳에서라면 위험할 때 소리를 치면 되지만, 여기선 그렇게 해봤자 늘리지 않으니 일일이 급히 달려가서 알려줘야 했고, 직원들 한 명 한 명에게서 눈을 뗄 수가 없었다. 말귀를 못 알아듣는 게 답답할 때도 있었지만 그보다는 걱정과 안타까움으로 직원들을 더 엄하게 대했다. 욱하는 마음에 아무도 듣지 못할 큰 소리를 지를 때도 있었다.

직원들은 직원들대로 안승문의 속을 모르니 혼이 날 때면 섭섭했다. 처음 배우는 일인 데다 매일같이 혼나니 불만도 쌓여갔다. 특히 혈기왕성한 젊은 직원들은 불만이 있으면 숨기질 못했다. 직원들이 유석영의 방에 할 말이 있다고 찾아오면 유석영은 분위기를 누그러뜨리고 싶어 일단 밥을 사주며 이야길 들었다.

직원들과 통역사가 한참을 수어로 이야기하느라 그들 앞에 놓인 자장면은 언제나 불어터지곤 했다. 그들은 아랑곳 않고 공장장이 너무 엄하게 가르친다며 하소연을 했다. 유석영은 자기가 공장장에게 이야기를 해둘 테니 직원들도 공장장의 입장을 조금은 헤아려달라고 애써 다독였지만, 그들에게 야속한 마음도 들었다.

'아니, 서로 조금만 참아줄 순 없을까······'

갈등을 중재하느라 유석영은 마음 편할 날이 없었다. 안승문도 직원들도 힘들기는 매한가지였다. 사무직원, 공장장, 직원들의 생각이 다 달라 동상삼몽이 따로 없는 상황이었다. 이들에게서 어떻게 협업을 이끌어낼 것인가. 유석영은 해결할 수 없는 고민으로 밤잠을 설쳤다.

생각해보면 문제는 말이 통하지 않는 것만이 아니었다. 통역사가 온종일 붙어 있지 않아 소통이 힘든 것도 사실이었지만, 그보다 중요한 것은 서로 간에 신뢰가 없다는 사실이었다. 같은 언어를 쓰는 사람들끼리도 불통과 오해, 속임수와 이간질이 난무하곤 한다. 말이 통한다 하더라도 신뢰가 없다면 서로 거짓된 말만 하지 않는가. 그러니 핵심은, 직원들이 듣지 못한다는 것이 아니라 직원들과 공장장, 그리고 대표가 서로 신뢰하지 못하는 데 있었다. 보통이라면 평생 마주치지도 않을 법한, 생전 처음 보는 부류의 사람들이 어느 날 갑자기 한데 모여 일을 하게 되었으니 신뢰가 없는 것도 당연했다.

때로는 갈등을 달래거나 막을 수 없는 환경도 존재한다. 그럴 때는 직접 부딪치며 서로 간에 이해를 적립해나가야 한다. 그 적립된 이해를 팀워크라 한다. 싸우면서 서로를 알아가도 괜찮다고, 그래야 더 잘 이해할 수 있고 결국 신뢰까지 할 수 있는 것이라고 유석영은 생각하기로 했다. 함께 많은 시간을 보내면서 몸으로 부딪치고 부대끼는 수밖에 없다. 언어가 통하지 않고, 몸짓과 표정으로 많은 것을 이해하는 청각장애인이 대다수인 아지오의 특수한 상황에서는 그것이 최선이리라.

어느 날에는 사무실 벽면 위쪽에 팻말 하나가 붙었다.
'말이 안 통하면 눈치로 통하자.'
누가 붙였는지는 몰랐다. 아마도 안승문이 붙였을 것으로 예상했지만 유석영은 묻지 않았다. 소통은 말로만 하는 게 아니다. 열세 살부터 눈칫밥 먹으며 일해온 안승문과 들리지 않아 눈치로 산다고 해도 과언이 아닌 직원들. 눈치라면 통달한 이들이 아니던가. 눈치로 소통한다면 오히려 말로 할 때보다 더 잘 소통할 수도 있을 터였다.
안승문도 그 나름의 노력을 하고 있었다. 아버지가 청각장애인이었으니 말이 통하지 않아도 눈치껏 소통하던 감이 있었지만, 그걸로는 일을 가르치거나 협업하여 구두를 만들 수 없었다. 이래선 안 되겠다 싶어 그는 '눈치'에 기대지 않고 직접 수어를 배우기로 했다. 정식으로 배울 여유가 없으니 책과 인터넷을 보고 기본적인 대화와 구두에 관한 언어를 공부했다. 안승문이 어설프게나마 수어를 시작하자 직원들도 조금씩 그의 뜻을 알아주는 것 같았다.

갈등의 골이 생각보다 깊은 때도 있었고 그 골을 메꾸느라 고생을 하기도 했지만 시간은 많은 것을 해결해주었다. 무엇보다 주문이 늘어나고 일이 많아지면서 갈등도 눈 녹듯 녹았다. 구두 일이라는 게 분업화되어 있다가도 서로 연결된 일이기에 함께 일을 하다 보면 갈등이나 오해가 어느새 풀어지는 순간이 있었다. 그즈음 유석영이 영업에 더욱 매진할 수 있었던 이유이기도 하다.

공장장과 직원들은 함께 일하는 시간이 쌓이면서 미운 정 고운 정이 다 들었고 차츰 신뢰도 쌓였다. 장애인의 정과 비장애인의 정이 다르지 않았다. 시간과 노력이 모여 동떨어져 있던 마음들이 조금씩 겹치기 시작했다.

수녀화 300켤레의 가르침

공장은 생겼지만 매장은 없었다. 그러니 가만히 앉아 기다린다고 주문이 들어올 리도 만무했다. 공장을 마련하고 막 준비를 마친 다음, 이제 영업을 할 차례인데 그 일을 할 사람이 아지오에는 유석영밖에 없었다. 그는 한 번도 물건을 팔아본 적이 없었다. 그렇지만 자신이 벌인 일인 만큼 책임을 져야 했다. 대표라고 책상 앞에 앉아 여유를 부릴 상황이 아니었다. 앞은 보이지 않지만 말이라면 잘할 수 있으니 어딜 가든 아지오 구두를 홍보해야 했다.

우선 복지관장을 함께 맡고 있었으니 복지관에 가서 당당하게 외쳤다.

"모두들 이제 구두는 우리한테 사는 겁니다."

그렇게 던져놓고 복지관에서 회의를 하는 도중에 반가운 소리를 들었다. 광명 장애인종합복지관의 관장을 역임하는 수녀님이 마침 구두 주문할 곳을 찾고 있다는 게 아닌가. 공주에 있는 한 수녀원에서 신발을 단체로 맞추려고 하는데 적게는 300켤레에서 많게는 500켤레까지 주문할 거란다. 신이 도운 듯한 절묘한 타이밍이었다. 그 기회를 놓칠 수 없었다.

'공장을 벌여놓으니까 일이 되긴 되는구나!'

유석영은 가슴이 뛰어서 도저히 앉아 있을 수가 없었다. 수녀원에 연락을 넣은 다음, 회의를 하다 말고 그대로 자리를 박차고 일어나 공장으로 달려갔다.

"주문 받아 왔어요! 최소 300켤레랍니다!"

어리둥절한 표정으로 그를 바라보던 청각장애인 직원들에게 이야기를 전달하자 다들 박수를 치고 좋아했다. 거의 축제 분위기가 따로 없었다. 꿈에 그리던 첫 주문을 받으니 어찌나 설레던지, 수주도 받고 얘기도 들을 겸 수녀원으로 찾아가기로 했다. 공장장을 비롯한 몇몇 직원과 함께 신이 나서 공주로 향했다. 추위가 기승인 1월인데도 마치 소풍을 가는 듯한 기분이었던 것은 유석영 혼자만이 아니었다.

수녀원에 도착하니 갓 들어온 젊은 수녀들이 눈을 쓸고 있었다. 황송할 정도로 향긋한 차까지 내어주었다. 일이 잘 풀릴 것 같은 기분이 들었다. 잠시 후 한 수녀가 들어오더니 주섬주섬 신발 다섯 켤레를 쭉 늘어놓았다. 무슨 일인가 싶어 귀를 기울였다.

"이 신발은 너무 무겁고 이 신발은 너무 잘 미끄러져요. 이 신발은 또 너무 약해서 금방 닳고……"

수녀는 다섯 켤레의 단점을 조목조목 짚었다.

"이 모든 단점을 보완한 신발을 만들어주세요."

소풍의 한가운데 느닷없이 쏟아진 소나기였다. 유석영이고 다른 직원이고 할 것 없이 하나같이 말을 잃었다.

수녀들은 많이 걷고 오래 서 있어야 하니 편하면서 가볍고 견고한 신발을 만들어달라는 요청이었다. 얼핏 들으면 쉬운 일로 들리지만 신생 회사의 첫 주문치고는 매우 어려운 요구였다. 여러 구두업자가 왔다가 수녀들의 요구를 충족시키지 못해 두 손 들고 나갔다는 이야기도 들렸다. 그런 걸 이제 갓 태어난 아지오가 할 수 있을까? 유석영은 의문이 들었지만 공장장의 실력이라면 해낼지도 모르겠다고 내심 기대했다. 그러나 안승분의 표정은 진작에 굳은 상태였다. 당황한 표정을 감춘 채 일단은 만들어보겠다는 말을 남기고 수녀원을 나섰다. 밖에 나와서야 공장장은 고개를 저었다.

"이건 힘들겠는데요?"

다른 멀쩡한 업체들에서도 극복하지 못한 단점을, 그것도 한두 가지도 아니고 다섯 가지를 이제 막 사업을 시작한 아지오에서 극복하라니. 길 가다 누구를 붙잡고 물어도 고개를 저을 것이다. 콧노래를 부르며 공주에 내려왔지만 돌아가는 길에는 다들 끙 하고 앓는 소리만 내고 있었다. 경험 많은 공장장이 그렇게 말한다면 유석영도 밀어붙일 수는 없었다. 어떻게든 해보

고 싶다는 생각은 간절했지만 그가 봐도 현실적으로 힘든 일이
긴 했다.

돌아오는 길에 유석영은 직원들에게 미안한 마음을 전했다.

"수주만 받으면 쉽게 만들 줄 알았는데 안 되겠네요. 이번엔
아쉽지만 포기하고, 우리 기술이 더 좋아지면 그때 다시 도전해
보기로 하지요."

우선은 쉬운 것부터 찾아서 해보자고 직원들을 다독였다. 그
런데 동행했던 사회복지사가 대뜸 말하는 게 아닌가.

"이거 못 하면 구두 공장 하지 말아야죠."

그렇지 않아도 한창 아쉬움을 억누르고 있던 유석영은 발끈
했다. 공장장도 아니고 구두에 대해 알지도 못하는 사람한테 쓴
소리를 들으니 기분이 좋을 리가 없었다.

"자네는 구두도 안 만드는 사람이 뭘 안다고……"

"아니, 안 만들어도 그렇죠. 구두는 소비자가 원하는 대로 만
들어줘야죠. 이런 신발은 어려워서 못 만든다, 우리는 신생 업
체라 못 한다, 그런 식으로 피하다가는 소비자를 영영 못 만나
는 거 아닙니까?"

"우리가 아직 능력이 안 되는 걸 어떡해."

"그러니까 해야죠!"

"뭘 어떻게?"

"조사를 해서 만들어가야죠!"

유석영은 젊은 직원이 잘 모르고 혈기만 넘쳐서 쉽게 말한다고 생각했다. 감성적으로 덤빌 일이 아니라 안 되는 건 안 된다고 해야 한다고 타이르듯 말했다. 누군들 안 하고 싶겠는가. 가장 실망한 사람도 자신일 것이고, 이 일을 가장 해내고 싶은 사람도 자신일 것이다. 하지만 살다 보면 노력해서 안 되는 일도 있다는 것 또한 너무나 잘 알고 있었다.

그런데 이 직원이 좀처럼 의지를 꺾지 않았다. 결국 자기가 해보겠다고 나서기까지. 유석영도 어지간하면 해보라 하고 싶었지만 걱정이 되었다. 구두라고는 전혀 모르는 친구가 뭘 어떻게 해보겠다는 걸까?

"성수동에 구두 공장 많잖아요. 한 곳 한 곳 다니며 알아보면 해결을 못 하겠어요?"

불꽃 튀는 대화를 듣고 있던 공장장의 얼굴이 그 어느 때보다 복잡해 보였다. 사실 안승문은 평생 남성화를 전문으로 해온 사람이라 수녀화를 만든다는 것부터가 더욱 부담스러운 도전이었을 것이다. 하지만 동시에 장인으로서의 자부심 또는 자존심도 지키고 싶었으리라. 잠시 침묵이 흐른 뒤 안승문은 결심한 듯 말했다.

"한번 해보죠."

이쯤 되니 유석영도 더는 막을 수 없었다. 다만 시도해서 결국 안 되더라도 탓하지 않을 테니 도중에 포기해도 괜찮다고, 직원들의 마음을 편하게 해주고 싶어 그리 말했다.

그렇게 '수녀화 300켤레 프로젝트'가 시작되었다. 직원들은 공급처며 도매시장 등을 돌며 며칠씩 분주했다. 얼마 안 있어 공장에도 드디어 기계 돌리는 소리가 나기 시작했다. 안승문도 샘플을 몇 개씩 만들고 또 만들며 고민을 거듭했다. 어떤 안창을 써야 땀이 배출되면서도 잘 망가지지 않을까. 어떻게 안정감 있으면서도 가볍게 만들 수 있을까, 물청소를 해도 미끄럽지 않으면서 바닥을 긁지 않는 겉창은 어느 것이 제일 좋을까, 단가는 괜찮을까? 게다가 300명이나 되는 수녀들의 발에 모두 잘 맞아야 했다.

얼마 후 진짜 수녀화가 나왔다. 한 번에 짠 통과됐다는 속 시원한 이야기면 얼마나 좋겠냐마는, 현실은 만만치 않은 법. 쉽게 닳지 않을 튼튼한 수녀화를 만들어서 공주에 내려갔는데 결과는 퇴짜였다. 신어보니 편하지가 않다는 것이었다. 단점을 보완해서 다시 한번 만들어 가져갔는데 또 퇴짜. 유석영은 속으로 생각했다.

'거봐, 안 된다니까……'

그런데 그만큼 애를 쓰고 단박에 거절당했는데도, 그 자존심

센 사회복지사와 공장장이 오기가 생겼는지 포기를 하기는커녕 끝까지 해보겠다고 하는 게 아닌가. 처음보다 더 불타오르는 것 같았다.

"공장장님, 이번에는 소재를 이걸로 바꿔봐요."

"그건 단가가 안 맞고 얼룩도 잘 생겨. 이걸로 하고 밑창도 바꿔보자."

둘은 밥만 먹으면 수녀화를 만든다고 만방으로 뛰어다녔다. 수녀원에서 똑같은 것으로 해달라고 요청한 밑창을 국내에서 찾지 못하자 중국 공장에까지 수소문했다. 그러나 수녀님들도 이쪽이 애쓴다고 해서 적당히 타협하지 않았다. 겨우 겉창을 찾아내고 비교적 편하게 만들었더니, 이제는 좀 더 가볍게 해달라는 식이었다. 뭐가 어렵냐 할 수도 있겠지만, 폭신한 안창은 쉽게 가라앉고 탄탄한 겉창은 무거운 식으로 모든 자재가 장단점을 갖고 있었기에 좀처럼 모든 조건을 만족시키기 어려웠다. 이리도 엄격한 소비자의 요구라니, 아무리 신고식이라 하지만 가혹하기 그지없는 미션이었다.

안승문은 힘들면서도 재미를 느꼈다. 이번에는 이렇게 보완해보면 어떨까, 자면서도 그 생각만 했다. 기나긴 장인 생활 중에도 이렇게 하나의 신발을 놓고 오래 고민해본 것은 처음이었다. 고민과 공정을 거듭하다 보니 조금씩 수녀들을 이해하는 데까지 이르렀다. 하루 종일 기도하는 것도 모자라 교구의 모든 대소사를 도맡아서 하는 사람들. 검소함을 원칙으로 삼았기에 하나의 물건을 오래 아껴 쓰는 사람들. 신발 한 켤레라고 소홀히 살 수 없는 것이 당연했다.

그렇기에 갑피를 수도 없이 다시 재단하고 재봉하고 또다시 뜯어내며, 그때마다 공주로 달려가 조금씩 변하는 수녀들의 반응을 보는 것이 싫지 않았다. 때로는 구불구불한 길을 돌아 산 꼭대기가 보이는 듯한 기분이 들었다. 안승문은 직원들을 걱정시키기도 싫고 퇴짜를 맞았다고 말하기도 민망해서 몰래 왕복 다섯 시간이나 걸리는 수녀원에 다녀온 것이 수차례였다. 그러고도 지치지가 않았다.

그리고 이윽고 열 번째 방문. 수녀는 몇 번이나 신을 신었다 벗었다 하더니, 말 한마디 없이 방 안을 한참 걸어다녔다. 앞으로 힘을 주기도 하고 내려찍듯 걷기도 했다. 신발을 뒤집어 들고 이음새도 꼼꼼히 뜯어보았다.

"흐음……"

안승문과 사회복지사는 반쯤은 초연한 표정으로 수녀가 구두를 시착하는 모습을 너무 뚫어지게 바라보지 않으려고 애썼다. 그때였다.

"이거면 될 것 같아요. 수고 많으셨습니다."

둘은 잠시 귀를 의심했다. 서로의 얼굴을 보며 제대로 들은 것이 맞나 확인했다. 석 달을 매달린 끝에 드디어 아지오 최초의 주문이자 300켤레나 되는 대량의 주문이 성사되는 순간이었다. 수녀원을 나서자마자 유석영과 안승문, 사회복지사와 직원들이 모두 얼싸안고 좋아했다.

무작정 시작한 일이었지만, 아지오의 뜻이 비뚤어지지 않았기 때문에, 어려움에 굴하고 도망치지 않았기 때문에 수녀님들이 큰 가르침을 준 것이라는 생각이 들었다. 좋은 소비자가 생산자를 가르친 거다, 유석영은 그렇게 생각했다.

처음에는 아무래도 너그러운 수녀님들이니 원만하게 주문이 성사되리라는 막연한 기대도 없지 않았다. 그러나 사람들의 발 모양이 제각각이듯, 모든 소비자는 저마다의 이유로 까다롭다. 굳이 수제화를 찾는 소비자라면 더욱이 그렇다. 게다가 신발은 하루의 안락을 책임지는 물건이 아닌가. 소비자의 요구가 무엇이든 거기에 맞춰야 한다는 따끔한 가르침이 가슴속 깊이 아로새겨졌다. 이 일로 아지오의 품질과 기술력이 크게 도약한 것은 말할 것도 없었다. 그러나 그보다 유석영과 아지오 직원들에게 가장 무겁게 새겨진 깨달음은, 물건이란 '의미' 이전에 '품질'로 팔아야 한다는 교훈이었다.

수녀원에 납품을 하고 나니 자신감이 생겼다. 수녀원 한 곳에 납품하는 데 성공했으니 다른 수녀원도 그 뒤를 이으리라. 곧바로 전국 수녀원에 열심히 개발한 아지오의 신발을 홍보하는 편지를 썼다. 하지만 사업이 그리 쉬울 리가 없었다. 그 어떤 수녀원에서도 주문이 들어오지 않았다. 수녀화 한 켤레에 16만 원 정도였으니, 가격이 높았기 때문이라고 추측했다.

여전히 아지오가 소비자의 니즈를 충족하려면 길고 먼 길이 남아 있었다. 좋은 일 다음에는 나쁜 일이 찾아오기 마련이고 하나의 성공이 저절로 반복되리라는 보장이 없다는 것을 유석영은 새삼 깨달았다.

'지속적인 수요를 창출하기가 이렇게 어렵구나.'

그러나 그 힘든 와중에도 많은 이웃이 아지오를 응원해주었고, 구두 한 켤레를 사 신기 위해 언제든 아지오까지 달려와주는 고객도 있었다. 어느 날에는 파주에 살면서 필요할 때마다 아지오에 조용히 힘을 보태주던 고객 정순임 씨가 찾아왔다. 순임 씨는 푸짐하게 간식을 사 들고 왔다가 납품하고 남은 수녀화가 진열되어 있는 것을 발견했다. 아지오에서는 좀처럼 찾아볼 수 없던 여성화였기 때문에 순임 씨는 그 신발을 꺼내 신어보았다.

"꼭 아무것도 안 신은 것 같네요! 이렇게 편한 신발을 찾고 있었어요. 제가 허리 수술을 해서 아무 신발이나 못 신거든요. 이 신발 이름은 뭐예요?"

"이름은 아니고…… 수녀화예요, 그건."

"그렇군요. '수녀화'라 하지 말고 '건강화'라든지 '효도화'라고 부르면 좋을 텐데……"

유석영은 무릎을 탁 쳤다. 옳거니 싶었던 거다. 수녀화를 달리 팔 방법은 미처 생각지도 못했는데, 순임 씨가 그야말로 걸맞은 이름을 지어줌으로써 판매 아이디어를 제공해준 것이다. 그때부터 재고로 남아 있던 수녀화는 '건강화' 또는 '효도화'로 불렸고 지금까지도 편안한 구두를 찾는 중년 여성들에게 각광받는 아이템이 되었다. 유석영이 소비자에게 또 한 수 배운 순간이었다.

아지오는 근본적으로 청각장애인들에게 일자리를 제공하기 위해 설립된 회사다. 그러다 보니 처음에는 생산자 쪽에 중점을 두었지, 소비자는 미처 헤아리지 못했다. 그러나 아무리 좋은 취지를 가진 사회적 기업이라도 이윤이 없으면 생존할 수 없다. 즉 어떤 상황에서도 소비자를 간과해서는 안 된다는 말이다.

소비자의 니즈를 분석하고 그것을 충족시키는 기본적인 노

당시에 만들어 납품한 수녀화.

많이 낡은 것은, 이 수녀화를 '건강화', '효도화'로

다시 태어나게 해준 정순임 씨가 오래도록 신었기 때문이다.

력 없이 사업은 존속할 수 없다. 가장 먼저 소비자의 말에 귀 기울여야 한다. 까다로운 요구일지라도, 설령 아픈 곳을 찌르는 불만 사항일지라도 소중하다. 그 안에는 반드시 가르침이 있다.

유석영은 자신 같은 아마추어가 시장에 뛰어들 때 가장 먼저 할 일은, 소비자의 시선에서 제품을 바라보는 것임을 알게 되었다. 제품의 결함에 대해 왈가왈부하는 사람들은 '너무 까다로운 소비자'라며 쉽게 치부하진 않았을까. 가장 까다로운 소비자를 스승으로 모셔야 한다고, 소비자를 설득하려고만 하지 말고 소비자에게 설득당해보기도 해야 한다고, 그제야 조금씩 깨달아가고 있었다.

다만 그것을 깨달았다고 해서 아지오와 소비자 사이의 단단한 벽이 단번에 우르르 허물어진 것은 아니었다.

기업은 판로 위를 걷는다

―――

매장을 낼 수도 없고 영업사원을 뽑을 여력도 안 되는 상황에서 유석영은 혼자 판로를 개척하느라 고군분투했다. 주변 지인들에게 도움을 청하고 경기도청, 국회, 서울역 등 정부 기관과 일반 기업을 찾아가 단기적인 판촉 행사도 열었다.

하지만 작은 신생 업체가 판로를 확보한다는 것은 여간 어려운 일이 아니었다. 고정적인 판로를 확보하지 못했다는 것은 곧 지속적으로 구두를 팔기가 어려웠다는 뜻이다.

장애인들이 구두를 만든다는 특수성 때문에 언론에서 몇 번 소개되기는 했지만 판매로 연결되지는 못했다. 판로로 이어지지 못해 길을 잃은 특수성은 오히려 편견으로 돌아왔다.

행사를 할 때마다 규모에 따라 몇백 켤레를 팔 때도 있었지만 열심히 구두를 팔고 나면 금세 한 달이 지나 고정 비용을 지출해야 했다. 초반 연매출은 1억 원 남짓. 이것으로는 운영을 하는 것만도 빠듯했다. 제품을 계속 생산하기 위해서는 판매가 지속적으로 이루어져야 하지만 불규칙했다. 안정적인 매출을 확보하지 못했기에 이윽고 직원들의 월급을 주기 위해 빚을 지기 시작했다. 고작 직원 여섯 명이었지만, 당시에는 그 정도의 살림을 꾸리고 유지하는 것도 쉽지가 않았다. 공장 월세 지급일, 직원 급여일이 다가올 때면 밤잠을 이룰 수가 없었던 것은 유석영도, 함께 일하는 사회복지사들도 마찬가지였다.

물론 전혀 기회가 없었던 것은 아니다. 2011년 6월의 어느 날에는 신세계백화점에서 전화를 받았다. 백화점 측에서 먼저 아지오의 구두를 가져다 분해해 품질을 점검하였으니, 신세계에 입점하라는 제안을 해온 것이다. 다만 아지오의 구두는 전부 진열해봤자 20종밖에 안 되니 오프라인 매장 입점은 불가하다며, 온라인 쇼핑몰에 실어주겠다고 했다.

'그래, 온라인이 있었지!'

이보다 고마울 수가 없는 가뭄의 단비였다. 백화점 쇼핑몰에 브랜드가 입점되는 것만으로도 소비자에게 '믿을 만한 제품'이라는 이미지를 심어줄 수 있기 때문이다. 특히 브랜드 인지도가 낮은 아지오로서는 브랜드를 알리고 신뢰를 얻을 수 있는 중요한 기회였다. 또한 소비자를 찾아 고생해가며 행상을 하는 대신, 쇼핑몰에 고정적으로 들어오는 소비자를 대상으로 구두를 판매할 수 있다는 뜻이기도 했다. 2011년 6월에는 장애인을 고용하는 사회적 기업이 백화점을 뚫었다는 내용으로 여러 언론에 크게 나기도 했다.

이번에야말로 숨통이 좀 트일 줄 알았지만 산 넘어 산이었다. 예상만큼 매출이 늘지 않았다. 제품의 가짓수가 많아야 하는 것은 오프라인 매장이나 인터넷 쇼핑몰이나 마찬가지였던 것이다.

2011년 당시 아지오는 신사화 8종, 여성단화 2종, 여성샌들 1종만 제작하고 있었다. '구두'를 검색했을 때 수십 종의 제품이 좌르륵 나오는 구두 브랜드들 사이에서 단 11종의 제품만을 가진 아지오가 눈에 띌 리 없었다. 브랜드가 많이 노출되지 못하니 결국에는 금세 묻혀버렸다. 가뜩이나 인지도가 낮은데 검색에서도 노출되기가 어렵다 보니 소비자에게 선택받을 수 없는 것이 당연했다.

벽에 부딪혔음을 깨달았지만 제품 수를 늘릴 여력은 없었다. 더 많은 디자인을 하고 제품을 만들 인력도 자본도 아지오엔 없었기 때문이다. 백화점에서 이익을 내려면 디자인 패턴이 적어도 100개 정도는 있어야 한다는 걸 그제야 알았다. 입점했다고 끝이 아니라 비용을 들여 그 안에서 홍보도 하고 마케팅도 해서 아지오라는 브랜드를 알려야 하는데 그런 것도 할 수 없었으니 성과가 나올 리 없었다. 한마디로 아지오는 인터넷 쇼핑몰 안에서 존재감이 없었던 것이다.

기회는 그 자체로 돌파구가 되는 것이 아니라, 빛을 발하기 위한 준비가 선행되어야 하고 그때야말로 모든 자원을 투입해 성과로 연결시켜야 한다. 그러나 매달 근근이 버티기 바빴던 아지오에는 그런 자원이 없었다.

긍정과 이상은 아지오의 큰 동력이었다. 어떻게든 잘될 거라는 믿음도 필요하고 그런 믿음이야말로 기업이라는 하나의 세계를 창조할 수 있는 원동력이 된다. 그러나 현실에 대한 면밀한 관찰과 조사, 그리고 준비가 동반되지 않는다면 사업이 아니라 환상일 뿐이다. 의욕이 넘쳐 시장에 대한 이해도, 자금이나 기술과 같은 사업의 기초 요소도 크게 고민하지 않고 일단 시작했던 것이 이제 아지오의 발목을 잡고 있었다.

철저한 현실 분석과 그에 따른 전략. 작은 기업일수록 위기를 만났을 때 견디는 힘은 거기에서 나온다. 아지오에는 이 현실에 대한 인식이 크게 부족했다. 사회적 기업일수록 날카로운 현실감각을 가져야만 그 이상을 구체화시킬 방안이 보인다. 감성과 이성, 이상과 현실 사이에서 노련한 줄타기를 하는 것이 바로 '사업'이다.

시작은 누구나 할 수 있다. 하지만 지속하는 건 어렵다.

AGIO ————————————

Chapter 4

실패는 절박한 자를 피해 가지 않는다

모델료는 구두 한 켤레

영업을 하려면 그럴듯한 브로슈어라도 있어야 할 게 아닌가. 아지오에는 아직 브랜드 이미지라 할 것이 없으니 새로이 브랜드를 알리기에도 좋을 것이다. 없는 살림에 그나마 어렵지 않게 만들 수 있는 게 브로슈어이니 한번 해보자고, 유석영은 생각했다.

아무리 가진 게 없어도 CBS에서 일하며 맺어둔 인맥은 있었다. 사실 그것이 유석영이 가진 거의 유일한 자산이었다. 그때 유석영의 머릿속에 가장 먼저 떠오른 사람이 유시민이었다.

유석영은 리포터로 일하던 방송 새내기 시절, 그러니까 스물여덟 살에 유시민을 처음 만났다. 당시 서른한 살의 유시민은 이해찬 의원실의 보좌관으로 있었다. 하루는 보좌관실에서 유석영에게 연락을 해왔다. 어느 장애인 한 사람이 보좌관실로 자꾸 전화를 걸어오는데, 장애인 관련한 민원을 해결해온 전문가가 없어서 수소문 끝에 유석영에게 도움을 청한 것이다. 장애인을 위한 일이라면 유석영이 마다할 이유가 없었다.

보좌관실로 찾아갔더니 유시민이 그를 반가이 맞았다. 계속 연락해온다는 장애인은 뇌성마비에 걸린 분이었는데 학교를 졸업하고 나면 할 수 있는 일이 없다며 보좌관실에 도움을 청해온 것이었다. 유시민과 유석영은 같이 그 장애인을 찾아가서 사정을 듣고 머리를 맞대 고민한 끝에 컴퓨터 관련 일을 찾을 수 있도록 도와주었다.

그 일로 맺어진 인연이 어언 20년 동안 이어졌다. 자주 만나진 못했지만 유석영 입장에서 유시민은 뭔가를 부탁하기에 만만한(?) 선배였다.

유석영이 아지오를 시작한 후 경영이 쉽지 않음을 느꼈을 때쯤, 유시민은 국회의원이 되어 보건복지위원회에 소속되어 있었다. 유석영은 아지오에 관해 설명하고 부탁하면 유시민이 분명히 들어주리라는 확신은 있었지만, 평범한 부탁은 아닌지라 아무리 편한 선배라 해도 조금은 조심스러웠다. 하지만 대표로서 기업을 꾸려가기로 한 이상 과거와 같은 태도로 남아 있을

86

수 없었다.

'창피해하거나 남의 눈치를 보는 건 기업을 경영하는 사람의 일이 아니다.'

그런 책임감으로 고민을 짓눌러가며 전화를 걸었다. 먼저 안부를 묻고, 아지오에 대한 이야기도 꺼냈다. 유시민은 가만히 들어주는가 하면, 좋은 일이라며 격려를 해주기도 했다. 용기를 얻어 어렵게 본론을 꺼냈다. 아지오 브로슈어의 모델이 되어줄 수 있겠느냐고.

"아, 그거 좋죠!"

잠시의 망설임도 없이, 마치 기다렸다는 듯 환영하는 목소리의 응답이었다. 시원시원한 그의 대답에 유석영은 조심스럽게 모델료도 주겠다고 말했다. '모델료'란 다름 아닌 구두 한 켤레. 그것도 유시민은 무척 좋아하며 반겼다.

유시민 외에도 잘 알고 지내던 방송인 서유석, 성우 배한성, 배우 김세민이 모델 제의를 흔쾌히 수락해주었다. 역시 모델료는 다르지 않았다. 이루 말할 수도 없는 고마운 도움 덕분에 드디어 브로슈어가 나왔다. 그들의 마음이 담긴 브로슈어를 두 손에 쥐니 유석영의 마음이 한결 든든해졌다.

AGIO
with
Celebrity

유시민
AG1002
166,600원

서유석
AG1002
166,600원

김세민
AG1001
160,650원

배한성
AG1003
160,650원

16만 원대 모델료만 받고 활약한 초호화 모델들.

사진은 2011년 아지오가 신세계에 입점하면서 제작한 광고로,

'아지오 위드 셀러브리티'라는 제목으로 신세계몰에 올라갔다.

천 원짜리 슬픔

이제 유석영은 든든한 브로슈어를 옆구리에 끼고 영업을 하러 다녔다. 누구든 만나기만 하면 아지오 구두에 대해 이야기하는 것이 습관이 되었다. 구두를 한 켤레라도 더 팔기 위해서였다.

인맥을 총동원해 부탁을 하러 다니고 장소를 가리지 않고 행상까지 돌았다고 하면 유석영을 넉살 좋고 얼굴 두꺼운 사람으로 생각할지도 모르겠다. 사실 그는 누구에게든 돈 십 원도 빌리지 못하는 성격의 소유자다. 그런데 절박하니까, 모두를 책임져야 하는 사람이 대표랍시고 가만히 앉아 있을 수 없어서 발로 뛰기 시작했다.

앞을 보지 못한다는 게 살면서 처음으로 무기가 되기도 했다. 앞을 볼 수 있었다면 상대방이 싫은 표정을 짓는 걸 보자마자 위축되고 말 텐데, 유석영은 상대방의 찡그리는 표정 같은 건 보일 리가 없었으니, 열심히 설명하고 마음껏 부탁하고 영업할 수 있었다. 그런 그에게 친한 사람들은 "눈에 뵈는 게 없어서 그러고 다니지"라는 농담을 던지기도 했다. 유석영도 같이 껄껄 웃곤 했지만 그렇다고 마냥 속이 편한 건 아니었다.

하루는 직원 한 명과 함께 영업을 다니다가 점심을 먹으러 식당에 들어갔다. 끼니는 때워야겠는데 당시 유석영에게는 밥 먹는 시간도 아까울 때라 나오는 음식에는 관심이 없었다. 옆에 앉은 손님한테 "구두 한번 보시겠어요?"하며 슬쩍 말을 걸고 아지오 구두를 설명하려던 참이었다.

"저희는 청각장애인 직원들과 구두를 만들고 있습니다. 이 게 다 소가죽으로 되어 있어 발이 무척 편하거든요. 천연 가죽 이라 가죽이 숨을……"

그때 유석영의 손에 종이가 한 장 쥐어졌다. 이게 갑자기 무 엇인가 하고 만져보니 천 원짜리 지폐였다.

"그냥 이거 들고 가세요."

천 원짜리를 쥐여준 사람은 식당 주인이었다. 유석영과 직원 이 구걸을 하러 온 줄로 알았던 것이다.

식탁에 천 원을 내려놓고 일어나 다 먹지도 못한 밥값을 치 렀다. 그리고 조용히 식당을 빠져나왔다.

유석영도 직원도 한동안 말이 없었다. 어떠한 말로도 그 착 잡한 심정을 달랠 수가 없었다. 앞이 보이지 않는 유석영도 그 시선에 담겨 있었을 경멸을 직감으로 느낄 수 있었다.

문득 지하철 안에서 승객의 허벅다리 위로 껌이며 잡동사니를 재빠른 손길로 던지던 장애인들이 떠올랐다. 그들이 나타날 때마다 늘 어색한 침묵이 감돌았다. 헛기침하는 소리, 안내문을 탁 쳐내는 소리, 바닥에 물건이 떨어지는 소리도 들렸다.

'지금 나의 처지가 그들과 조금도 다르지 않구나.'

좋은 제품을 만들었고 좋은 일자리를 만들었다는 자부심에 조금 들떠 있었는지도 모른다. 제품이 좋으니 강매나 구걸 따위가 아니라 영업이라고 생각했다. 하지만 아무리 잘 만들었다고 해도 대부분 사람들의 눈에 들어오는 것은 '구두'가 아닌 '물건 파는 시각장애인'이었다.

기업을 운영해보겠다고 만방으로 뛰어다니며 행상하면서도 자존심 같은 건 생각하지 않기로 했었다. 창피함을 무릅쓰고 뛰어다니다 보면 언젠가는 짓밟힌 자존심을 만회할 날이 올 테니까. 그랬던 그도 천 원짜리 한 장 앞에서는 가슴이 무너지는 것 같았다.

공공화장실이나 어느 건물의 남자 화장실에 들어가면 청소하는 아주머니가 들어오는 일이 심심찮게 있다. 유석영은 그분들이 소변을 보고 있는 남자들을 아랑곳하지 않고 청소에 몰두하는 모습을 여러 번 접했다. 내심 '민망하시지 않을까, 어떻게 태연하게 일하실 수 있지?' 하는 생각이 들기도 했다. 그런데 아지오를 시작하고 무거운 몸을 이끌며 여기저기 영업을 다니면서부터는 청소 아주머니의 모습이 달리 보였다.

'저 아주머니도 소녀 시절이 있었고 꿈이 있었겠지. 그 꿈이 지금의 일은 아니었을 거야.'

하지만 지금의 그들은 옛날의 꿈 같은 건 아무래도 좋은 듯 스스럼없이 자기 할 일을 했다. 이 일이 그와 가족의 생계를, 그리고 그들의 미래를 뒷받침하고 있기 때문 아닐까. 그런 생각을 하니 그동안의 의구심은 존경으로 바뀌었다.

'내 앞에 놓인 삶이 있고, 내가 책임질 사람들이 있다면 무슨 일이든 할 수 있는 거다. 나쁜 일만 아니라면 나 역시 무슨 일이든 해야 한다. 그게 경영하는 마음이다.'

그래도 너무 힘든 날이면 영업을 마치고 공장으로 돌아오는 도중에 한 지하철역에서 내리곤 했다. 근처에 화장터가 있는 역이었다. 삶의 맺음을 지은 사람과 남은 사람들은 어떻게 지내는지, 화장터 한 켠의 벤치에 앉아 오가는 사람들의 소리를 가만히 들었다.

아무리 구슬프게 울던 유족들이라도 때가 되면 밥을 먹으러 갔다.

'슬픔을 안고도 다들 그렇게 살아가고 삶은 이어진다. 사람

의 생이란 이토록 질기다.'

그 모습을 보고 있자면 자신도 모르게 흐트러졌던 마음이 어느새 단단해져서 다시 일어나 공장으로 돌아갈 힘을 짜낼 수 있었다.

경멸도 좌절도 언젠가는 다 사라진다. 이 시간으로 희망의 씨앗이라도 심을 수 있다면 그는 만족할 수 있을 것 같았다.

부수지 못한 편견의 벽

장애인으로 사는 일이 힘든 건 장애 그 자체보다도, 장애로 인한 외로움에서 비롯한다. 시각장애인은 사람들이 다 자신을 쳐다봐도 시선을 알아차릴 수 없다. 청각장애인은 사람들이 바로 옆에서 자기 얘길 해도 말을 들을 수 없다. 따라서 그토록 고독하다. 또 하나의 아픔은 자존심이 상하는 것이다.

사람들은 장애가 있으면 못 할 것이라고, 안 될 것이라고 미리 단정한다. 장애 하나로 모든 것이 불가능할 거라고 생각하곤 한다. 비장애인 중에도 셈을 잘 못하는 사람이 있고 글을 쓰는 데 서툰 사람도 있다. 몸을 쓰는 일은 도저히 못 하겠다는 사람도 있고 가만히 앉아서 하는 일을 못 하겠다는 사람도 있다.

장애도 그와 같은, 사람이라면 누구나 가진 '약점'이자 '한계'일 뿐이다. 그것이 그 사람의 전부가 아니라는 것을 어떻게 이해시킬 수 있을까.

유석영과 아지오 구두를 바라보는 시각에도 이런저런 편견과 오해가 깔려 있었다. 아지오의 직원들은 스스로 만든 제품이 우수하다고 확신했기에 홍보하고자 노력했지만, 장애인이 만든 제품인 것을 내세워서 동정심을 이용해 강매한다고 받아들이는 사람이 적지 않았다. 실제 제품의 질이 어떤지는 관심도 없었다. 입을 떼기도 전에 '강매하지 말라'는 말을 들은 적도 있다. 모르는 사람한테 이런 일을 당하면 그래도 비교적 쉽게 털어버릴 수 있었지만, 가까운 사람한테 받는 냉소는 쉽게 털어지지 않을 만큼 아팠다.

사실 상대방의 입장도 이해가 안 가는 바는 아니었다. 솔직히 고백하자면, 지인들의 냉소가 그리 아팠던 것은 초기에는 강매와 '비슷한 마음'이 있었기 때문인지도 모른다. 투철한 사명감과 물건에 대한 자신감으로 무장한 나머지, '이런 일인데 좀 억지를 써도 되는 것 아닌가' 하는 생각도 전혀 없진 않았다. 한 번만 신어보면 신발의 품질과 이 일이 가진 의미에 마음을 열어줄 것 같았다.

그래서 조금이라도 연이 닿는 사람이라면 거의 막무가내로 찾아가 한바탕 영업을 벌이곤 했다. 거절당해도 상관없고, 일단 알리기라도 하자는 마음으로 찾아간 것이었지만 상대는 앞도 못 보면서 먼 길을 찾아온 유석영에게 무엇이라도 사줘야 한다고 느낄 수밖에 없었을 것이다. 시간이 지날수록 이런 방식은, 그 자체로도 아쉬움 없이 만들어진 아지오 구두의 가치를 오히려 떨어뜨린다는 생각이 들었다.

유석영은 딜레마를 맞닥뜨렸다. 고급 소재를 쓰고 솜씨 좋은 장인을 동원해 최고의 제품을 만들었다고 생각했지만 사람들은 여전히 자선용 물건으로 보았다. 편견을 뚫으려면 경험밖에 없다고 생각했기 때문에 서슴없이 영업했지만 그럴수록 사람들의 편견을 자극하는 셈이었다. 물건을 그대로 보게 하는 방법은 없을까, 유석영은 고민하고 또 고민했다.

장애인이 만들었다는 이유로 질 낮은 제품을 강매하는 일이 주위에 없었던 것은 아니다. 무엇이든 구색만 갖춰 관공서 같은 곳에 무조건 팔아달라고 해서 즉각 돈을 벌고 싶을 뿐이지, 좋은 물건을 만드는 데에도, 고객들과 관계를 쌓아 미래를 도모하는 데에도 관심 없는 이들을 그도 종종 보았다. 유석영은 그런 관행에 동참하고 싶지 않았고 그 일부로 인식되고 싶지 않았다. 그럴수록 장애인들이 설 자리가 좁아진다 생각했다. 그렇게 팔아봤자 한 번은 선심으로 사준다 쳐도 그다음이 없다. 즉 사업이 지속 가능하지 않은 것이다.

유석영이 비즈니스를 모른 채 시작했다 하더라도 그러한 방식이 잘못되었다는 건 알았다. 아무리 절박해도 아지오는 고급 수제화 업체로 바로 서겠다고, 그래서 유명 제화업체들과 떳떳하게 경쟁하겠다고 얼마나 다짐했는지 모른다. 하지만 소비자 인식을 변화시키기에 아지오와 유석영이 가진 힘은 역부족이었다.

더 가면 다 죽는다

유석영과 직원들은 이미 보따리장수였다. 구두를 사준다는 곳이라면 그들은 어디든 마다하지 않았다. 서울역에서도 팔아보고, 기관이든 기업이든 작은 공간만 마련되면 행사를 열고 구두를 홍보하며 팔았다. 그럴 때마다 '좋은 취지다', '아주 좋은 일을 한다'라고 지나가는 사람들에게 한마디씩 인정을 받을 수는 있어도, 소비자에게 선택을 받기는 힘들었다. 전쟁터 같은 시장은 결코 아지오에 쉽게 곁을 내주지 않았다. 마치 유목민을 연상시키듯, 이곳저곳 행상을 다니며 기회를 찾았으나 역부족임을 실감했다.

'그래도 설립 취지와 품질을 알아주는 사람은 한 켤레씩 사줄 것'이라는 안일한 전략은 예견된 실패를 낳았다. 매출은 예측할 수 없는 이벤트 같았다. 아홉 번 거절당하고 나서야 한 명이 사줄까 말까였고, 좀 벌었다 싶으면 고정비용으로 다 나가고 빚까지 생기니 압박감이 말이 아니었다.

그나마 빚은 조금씩 갚아나갔지만 한 발 더 나아가 미래를 그릴 수는 없었다. 간신히 벼랑에 매달려 있는 꼴이었다. 다른 구두 회사와 경쟁할 힘을 가지려면 계속 새로운 제품을 선보이면서 소비자를 유인해야 하는데 현상 유지조차 버거운 실정이라 신상품 출시는 엄두도 내기 어려웠다.

자금이 있어야 투자를 하고 구두 신제품도 개발할 수 있기에 투자처를 찾아봤지만, 그마저도 쉽지 않았다. 금융회사는 이윤이 남지 않는 일에 돈을 빌려주지 않았다. 유석영이 복지관장을 겸했기 때문에 복지관과 중복으로 자금 지원을 받을 수 없었고 개인 투자자를 찾기도 어려운 건 마찬가지였다. 사정이 어려워질 때마다 꺼내 드는 해결책은 결국 지인에게 급전을 빌리는 것뿐이었다. 조금 갚기 무섭게 다시 빌려야 했다. 그렇게 4년을 버텼다. 그 인고의 시간을 어찌 말로 다 표현할 수 있을까.

이익이 나고 안 나고를 떠나 사업이란 돈이 잘 돌아야 한다. 하지만 나라에서 배정한 예산으로 복지관을 운영해오던 사람들이 사업에 관해 알면 얼마나 알았겠는가. 비즈니스는 결과로 승부하는 세계였고, 아지오는 이 리그에서 프로 팀 사이에 낀 아마추어 팀에 불과했다. 결과를 내지 못한 자는 무대에 서 있을 자격을 박탈당하고, 무능과 실패에 따르는 혹독한 책임을 져야 하는 것이 사업의 세계였다. 유석영은 그것을 너무 늦게 깨달았다. 머릿속에 떠오를 때마다 애써 떨쳐내던 그 생각이 이제는 떨칠 새도 없이 침투해왔다.

'더 가면 다 죽는다.'

언론을 통해 회사 이름이 여기저기 알려진 것에 비하여 아지오가 가진 소프트웨어가 너무 적었다. 겨우 유지하면서 여기저기에 구두를 들고 가서 사달라고 떼만 쓰고 다닌 꼴이다. 이대로 가다간 당당하게 제품으로 경쟁하겠다는 결심도 무너질 것 같았다. 무엇보다 당장 내년을 그릴 수 없었다. 그 사이 유석영은 이미 가진 패를 다 쓴 상태였다. 장애인들이 만든 물건에 대한 인식이 크게 나아질 여지도, 획기적인 디자인으로 시장을 사로잡을 자신도 없었다. 아지오는 망했다기보다는, 더 나아갈 동력을 잃은 것이다.

당시의 아슬아슬한 상황을 함께 겪은 사무국장 이선우는 처음부터 장애인 직업재활시설로 시작을 했더라면, 하는 아쉬움을 나중에야 느꼈다. 직업재활시설로 운영을 하면 국가로부터 보조금을 받아 운영을 하는 것이기에 사무직 직원들의 급여와 관리운영비 등은 안정적으로 지원받을 수 있었을 것이다. 또한 행정 기관이나 지방자치단체로부터 단체화 등의 계약을 수주받기에 유리한 조건도 있었을지 모른다. 그랬다면 회사가 좀 더 천천히 기반을 쌓을 수 있지 않았을까, 아니면 적어도 문 닫는 일은 없지 않았을까 하는 미련이 줄곧 남아 있었다.

그렇지만 유석영에게는 국가의 보조를 받지 않고 독립적인 기업으로 아지오를 운영하고 싶다는 바람과 욕심이 있었다. 재활시설로 운영한다면 그 이후로도 결국 보조금에 의존하는 처지에서 벗어나지 못할까 봐 두렵기도 했다. 청각장애인 개인이 사회인으로서 경제적으로 자립하는 것을 목표로 한 만큼, 그들이 일하는 아지오 역시 하나의 기업으로서 당당하게 제 한몫을 하기를 바랐다. 결국 성공으로 증명해내지 못한, 쉽지 않은 길이었음을 뒤늦게 깨달았지만.

2013년 봄이었다. 신제품을 개발하기도 어렵고 작업장에서 취식하며 일에 전념하던 공장장도 더는 못 하겠다며 떠나버리면서 총체적인 난국에 빠졌다. 유석영은 복지관 팀장들을 소집했다. '모두들 힘들어하니 공장 운영을 포기하자', 아니면 '힘들어도 좀 더 노력해보자'라는 두 가지 안을 내놓았다. 둘 중에 어떻게 할 것인지 투표를 하자고 했다.

예상과 달리 조금 더 노력해보자는 의견이 많았다. 아지오를 통해 청각장애인이 경제적 자립을 이룰 수 있도록 하자는 청각장애인들과의 약속이 얼마나 무거운 것이었는지, 그리고 그 약속을 지키기 위해 얼마나 많은 사람들이 몸 바쳐 고민하고 노력해왔는지를 누구보다 잘 알고 있었기에 차마 포기하자고 할 수가 없었던 것이다. 그러나 그 자리의 모두가 이미 직감하고 있었다. 실패의 기운이 서서히 덮쳐오고 있다는 것을.

참 많이 지쳤다. 결국 유석영은 복지관장 자리에서 물러나면서 아지오도 같이 내려놓기로 했다. 차라리 복지관장을 완전히 내려놓고 아지오에 전념했더라면, 하는 후회도 들었다. 뒤늦게 생각해보면 두 마리 토끼를 다 놓친 셈이었다.

몇 달이 지나 2013년 8월 30일, 아지오는 결국 문을 닫았다. 유석영은 사죄하는 마음으로 키보드를 한 자 한 자 눌러 "직원 일동"이란 제목으로 아지오 페이스북 페이지에 폐업 소식을 알리는 글을 올렸다.

아침저녁으로 불어오는 바람이 제법 선선합니다. 가을이 오는 길목에서 고객 여러분께 죄송하다는 말씀을 드립니다.

구두만드는풍경은 2010년 1월 청각장애인의 자립이라는 꿈을 이루기 위해 시작한 사회적 기업입니다. 자체 브랜드 아지오를 개발하여 최고의 제품은 언젠가는 인정받는다는 믿음과 신념으로 최고의 소재, 기술, 정성으로 명품 수제화로 기억되기 위해 부단히 노력해왔습니다.

지난 3년간 고객 여러분의 관심과 도움으로 지속적으로 성장해왔으나 국내 경기 침체로 인해 운영 법인에서 사업 포기 결정을 내려 눈물을 머금고 문을 닫게 되었습니다. 아지오 고객 여러분께서 보내주신 믿음과 신뢰를 계속 이어나가기 위해 손해를 감수하면서 노력했지만 더 이상 버틸 수 없는 어려운 상황에 놓이게 되었습니다.

우리 아지오를 구매해주신 고객 여러분께 평생 에이에스를 해드리겠다는 약속을 더 이상 지킬 수 없게 되어 너무 죄송하고 안타까운 마음입니다. 한 분 한 분 찾아뵙고 사죄드려야 마땅하지만 이렇게 서면으로 인사드리게 된 점 너그러운 마음으로 이해해주시길 부탁드립니다.

고객 여러분의 기대에 부응하지 못한 점, 약속을 지킬 수 없게 된 점, 다시 한번 고개 숙여 사과드립니다. 건강하십시오.

2013. 8. 30
구두만드는풍경 직원 일동

Chapter 5

어느 낡고 특별한 구두 한 켤레

2017년 5월 14일

———

정직하게 튼튼한 구두를 만들기만 하면 될 줄 알았다. 한번 구두를 구매한 고객들에게 평생 에이에스를 해주겠다고 큰소리까지 쳤다. '평생 관리'를 해준다는 것이 얼마나 무리한 일인지를 뒤늦게 깨닫고 중단하긴 했지만, 그때까지는 고객의 요청이 들어오면 밑창이고 안창이고 계속해서 갈아줬다. 굳이 재구매할 필요도 없도록 이미 튼튼한 신발을 평생이고 고쳐주겠다고 했으니, 가진 것도 없는 이들이 미련한 호기를 부린 셈이었다.

구두가 정말 편안하기는 했나 보다. 아지오가 문을 닫고 그다음 해부터 먼저 구두를 사 간 고객들에게서 전화가 걸려왔다.

"구두가 닳아서 재주문을 하고 싶어요."

"다른 구두를 더 사고 싶은데 어디서 구매하죠?"

"이제 구두 안 파나요?"

한번 구매한 고객이 새 구두를 장만하는 사이클이 뒤늦게 돌아온 것이다. 신사화의 재구매 주기조차 모르고 이 사업을 했었단 말인가. 한 통 한 통 고객의 전화가 걸려올 때마다 죄송하다는 말밖에 전할 수 없는 유석영의 가슴이 올올이 찢어졌다.

'이걸 못 버텼구나. 조금만 더 버텼더라면……'

하지만 이미 돌이킬 수 없었다.

"죄송합니다. 아지오는 문을 닫았습니다."

아지오를 접은 뒤 유석영은 경기도 장애인생산품 판매시설의 원장직을 맡았다. 장애인생산품 판매시설은 장애인들이 만든 제품을 소개하고 지방자치단체에 구입을 독려하는 기관이다. 새롭게 찾은 일자리였지만 아지오에 대한 아쉬움과 뿔뿔이 흩어진 식구들에 대한 안타까움을 떨쳐낼 수 없었다. 공장장에겐 대체 불가능한 기술이 있으니 어디든 가서 일할 수 있기에 그리 걱정하지 않았다. 다만 걱정인 건 함께 일하던 청각장애인들이었다.

'다들 어디에서 일하고 있을까. 일하려는 욕심도 있고, 배우기만 하면 충분히 해낼 능력도 있는 친구들인데, 재주를 잘 써먹고 있을지. 잘 써먹어야 그에 맞는 대우도 받을 텐데⋯⋯'

2015년부터 유석영은 도전하는 마음으로 특수교육대학원에 다니기 시작했다. 대학원 동기 중에는 특수교사인 정은경이 있었다. 유석영은 정은경에게 아지오 이야기를 몇 번 꺼내며 아쉬움을 토로하곤 했다. 결국 실패해서 청각장애인들을 다 떠나보내야 했고 직원들과의 약속을 못 지키고 말았다고, 언젠가 기회가 되면 꼭 다시 해보고 싶다고 했다. 아지오를 운영할 적의 이야기를 할 때 그는 너무나 행복한 표정을 지었고, 안타깝게도 문을 닫은 사연을 이야기할 때는 몹시 애잔해 보였다. 인터넷에 '아지오' 또는 '구두만드는풍경'을 검색하면 아직도 꽤 나올 거라는 그의 말에는 미련이 가득했다.

처음엔 대수롭지 않게 듣고 넘겼던 정은경은 유석영에게 그 후로도 몇 번이고 그 이야기를 듣게 되자 속으로 참 꿈도 크시다 생각했다. 사업이라는 얘기만 들어도 진저리를 칠 정도로, 그에게는 사업에 대한 트라우마가 있었다. 아버지가 사업에 실패해서 밥을 굶으며 지낸 어린 시절의 기억이 아직 생생하기 때문이었다. 그런데 가진 것도 별로 없어 보이는 사람이 그렇게 실패하고도 다시 해보고 싶다고 하니, 저런 무모한 사람이 다 있나 싶었다. 무엇보다 지금 안정적인 직장에 다니고 있는데 왜 다시 모험을 한단 말인가.

그러나 아지오는 유석영에게 실패한 시험이자 다 하지 못한 숙제였다. 어떤 달콤한 걸 먹어도 입 안의 모래처럼 씹히고 마는 아픈 기억이었다. 억지로 꾸역꾸역 잊고 지낼 만하면 또다시 주문 전화가 걸려와서 가슴을 헤집어놓았다.

그러던 어느 일요일, 전화 한 통이 걸려왔다. 모르는 번호로 온 전화를 받았더니 자신이 '청와대 비서관'이라고 하는 게 아닌가. 이게 무슨 일인가 싶어 어안이 벙벙했다. 휴대폰 너머에서 뒤이어 들려온 말은 더 놀라웠다.

"대통령님이 신발을 다시 사고 싶어 하시는데 발을 재러 청와대에 들어와 주시겠어요?"

온 나라에 알려진 실패담

시간을 한참이나 거슬러올라가, 아지오가 한창 운영되고 있던 2011년 초가을의 일이다. 더위가 누그러지는 걸 느끼며 공장으로 출근하던 유석영의 머릿속은 그날도 영업에 관한 생각으로 가득했다.

'또 어디에 구두를 팔 수 있을까…… 빼빼로데이도 있고 삼

겹살데이도 있고 별의별 날이 다 있는데 왜 구두 사는 날은 없을까. 그러고 보니 오늘은 며칠이지? 9월 2일이구나······'

생각이 여기까지 뻗었을 때 번쩍 하고 아이디어가 떠올랐다. 9(구)와 2(둘)을 합치면 '구두' 아닌가! 공장으로 향하는 발걸음이 빨라졌다.

'오늘은 구두데이다!'

그런데 프로모션을 한다면 어디서 한다? 아무 데서나 좌판을 깔 수는 없는 노릇인데. 정치인들이 모여 있는 국회로 가면 어떨까? 일반 기업이라면 국회로 가서 구두를 팔겠다는 생각은 하지 못하겠지만, 유석영은 간절한 마음과 막중함 책임감으로 스스로를 떠밀며 온갖 머릿속 인맥을 짜내보았다. 이미 국회에 브로슈어를 뿌린 적이 있다. 브랜드는 생소하지만 모델들이 알 만한 사람들이었으니 브로슈어는 일종의 보증수표가 되어주었다. 척수 장애인인 정하균 의원이 떠올랐다. 얼른 전화를 해서 간곡하게 부탁했더니 고맙게도 의원회관 앞에 자리를 마련해주었다.

사흘 동안 행사를 열었고 100켤레 이상의 구두를 팔았다. 판매 후의 피드백도 좋았다. 변웅전 의원이 말하길 점심 식사를 한 뒤에 국회의원들이 신발을 다 바꿔 신고 왔더라고 했다. 지역구 관리다 뭐다 해서 의외로 걸어 다닐 일이 많은 국회의원들이 일부러 식사 후에 국회에 들러 편안한 아지오 신발로 갈아 신고 오더라는 것. 처음에는 한 켤레 사주자 했던 게 막상 신어보니 좋아서 그 뒤로도 애용하는 의원들이 꽤 있었다고 했다.

그때의 좋은 기억이 있어 2012년에도 다시 국회에서 구두데이를 진행해보았다. 이번에는 파주가 지역구였던 윤후덕 의원에게 부탁해서 행사를 열었다. 한창 18대 대통령 선거 캠페인이 진행 중이던 때였고 윤후덕 의원은 당시 문재인 후보의 비서실장을 맡고 있었다. 의원회관에서 유석영이 구두 하나라도 더 팔아보겠다고 여념이 없을 때 아주 특별한 손님이 찾아왔다. 윤후덕 의원이 선거운동을 하다 말고 문재인 후보를 데려온 것이다. 문재인 후보는 현금으로 구두 한 켤레를 사고는 그 자리에서 갈아 신었다.

"이야, 참 멋있다!"

구두를 신고 기분 좋게 웃던 특유의 웃음소리가 아직 유석영의 머릿속에 생생하다.

"저도 성공할 테니 아지오도 꼭 성공하길 바랍니다."

문재인 후보는 그렇게 아지오의 성공을 빌어주었고, 유석영도 따라서 그의 성공을 빌어주었다.

그해 12월에 열린 대통령 선거에서 문재인 후보는 낙선했다. 아지오가 문을 닫은 것은 그로부터 8개월이 지나서였다.

2012년 9월 국회에서 이벤트를 열었을 적에

구두를 구매한 당시 문재인 후보, 윤후덕 국회의원(왼쪽)과 함께.

때때로 신은 불시에 찾아온다.

"대통령님이 신발을 다시 사고 싶어 하시는데 발을 재러 청와대에 들어와 주시겠어요?"

수화기 너머로 들리는 목소리에 유석영은 얼어붙은 듯 멈췄다. 2017년 문재인 대통령이 두 번째 도전 끝에 당선되었다는 소식을 들었을 때, '저분도 우리 구두를 사주었지'라며 기억을 떠올렸었다. 하지만 아직도 그 구두를 신고 있다거나 다시 찾으리라는 건 전혀 예상하지 못했다. 그런데 취임한 지 일주일이 채 안 된 5월 14일에 그런 전화가 온 것이다. 그는 기뻐해야 할지 슬퍼해야 할지 몰랐다. 복잡한 감정 위로 아쉬움이 쏟아졌다.

"저희가…… 지금은 문을 닫았습니다."

"아…… 구두만이라도 다시 만들어주실 수는 없나요?"

비서관도 안타깝고 난감한 모양이었다. 이미 4년 전에 문을 닫아 모두 뿔뿔이 흩어지고 기술자도 없다고, 구두를 만드는 건 어렵겠다고 반복해서 설명했다.

전화를 끊자 긴장이 풀려 그대로 바닥에 주저앉았다. 유석영의 뺨 위로 회한의 눈물이 흘러내렸다.

'오늘까지만 버텼더라도……'

전화 한 통에 겨우 닫아두었던 상처가 다시 벌어졌다. 설레

는 마음으로 공장을 구하고 기계를 들여놓았던 순간부터, 십고

초려 끝에 겨우 안승문 공장장을 설득해 모셔 왔던 그때. 대중

교통도 없는 외진 언덕의 공장으로 어렵게 출근해 열심히 일하

던 청각장애인 직원들 한 명 한 명의 이름. 꼼꼼히 만든 신발을

신어보고 그 탄탄한 편안함에 느꼈던 자부심과, 잡상인 취급을

받아가며 영업한 끝에 주문이 들어왔을 때의 희열, 기계 돌아가

던 소리에 뿌듯하던 마음까지.

그리고 그 행복이 와르르 무너지던 날들의 기억이 뒤를 이었

다. 작동이 멈춘 기계와 일감이 없어 어쩔 줄을 모르는 직원들,

더는 공장을 운영할 수 없다고 고백한 침묵의 회식 자리, 공장

문을 닫고 직원들이 하나둘 허무하게 흩어지던 순간, 눈물을 머

금고 고객들에게 마지막 편지를 쓰던 밤까지. 주마등처럼 지난

시간들이 스쳐갔다.

어떻게든 계속할 방법을 찾았어야 했다. 책임을 회피하고 도

망치지 말았어야 했다. 오늘까지만 버텼더라면 모두에게 기회

가 있었을 거란 생각에 그는 며칠이고 누워도 잘 수 없었다.

가슴앓이는 사그라들 줄 몰랐다. 대학원에서도 그는 정은경

을 붙들고 한참을 하소연했다. 이번엔 청와대에서 전화가 왔다

고. 자신이 조금만 더 능력 있는 사업가였다면 이 기회를 놓치

© 연합뉴스

모든 것이 이 뒷모습에서 다시 시작되었다.

2017년 5·18 광주민주화운동 37주년 기념식에서

아지오 구두를 신고 참배하는 문재인 대통령.

진 않았을 텐데, 고마운 사람들에게 상처를 주지는 않았을 텐데. 너무나 애석해하는 그의 얼굴을 보고 정은경은 생각했다.

'이분, 결국 언젠가는 또 하시겠구나.'

청와대에서 전화가 걸려온 지 며칠이 흐른 뒤였다. 유석영은 지인에게서 놀라운 이야기를 들었다. 5·18 광주민주화운동 37주년 기념식에서 문재인 대통령이 아지오 구두를 신어 화제가 되고 있다는 것이다.

무슨 일인가 알아보니 문재인 대통령이 5·18 묘역에서 무릎을 꿇고 참배하는 사진 한 장이 발단이었다. 눈에 띄는 것은 대통령의 잔뜩 낡은 신발 밑창. 사람들은 대통령의 검소함을 칭찬하는 한편, 대체 무슨 신발이기에 저렇게 밑창이 닳을 때까지 신었나 궁금해했다. 뒤이어 나온 기사에서 그 신발이 청각장애인들이 만든 아지오의 구두라는 것이 밝혀지면서 아지오가 실시간 검색어에 오른 것이었다.

유석영은 인터넷을 보지 못하고 말로만 전해 들었으니 얼마나 화제가 되고 있는지 통 와닿지 않았다. 그저 대통령에게 새 구두를 못 해드렸는데 그걸 아직도 신고 있었다니, 하는 안타까움이 다시 북받쳐 올랐다.

그다음 날, 아침 댓바람부터 유석영의 휴대폰이 요란스레 울렸다. 저장되어 있지 않은 번호라는 음성 알림에 의아해하며 전화를 받았다. 유석영 씨가 맞느냐고 묻기에 그렇다고 답했다.

"저는 사업하는 사람인데 우리 동업합시다!"

다짜고짜 그는 '문템'(문재인 아이템)을 만들어 팔아보자고 했다. 생전 만져보거나 본 적도 없는 큰돈을 자신이 대겠다고 제안하면서. 액수보다 더 신기했던 것은, 도대체 자신의 전화번호를 어떻게 알았을까 하는 것이었다. 유석영은 끈질기게 사업 구상을 늘어놓는 상대를 간신히 진정시켰고 다음에 이야기하자며 겨우 전화를 끊었다.

그런데 이것은 시작일 뿐이었다. 그 전화를 필두로, 쉴 새 없이 전화벨이 울렸다.

"유석영 대표님 맞으시죠? 인터뷰 좀 하시죠!"

"아지오 팝업 스토어 여실 계획 없으세요?"

"구두를 단체 주문 하고 싶은데요. 좀 급합니다. 다음 주까지 될까요?"

언론사의 인터뷰 요청부터 다짜고짜 동업하자는 제안까지 별의별 사람이 전화를 걸어오고 직접 사무실로 찾아오기도 했다. 당연히 일에 집중할 수 없었다.

상상도 못 한 일로 전에 없던 관심을 받게 된 유석영의 심경은 복잡했다. 문을 닫기 전이었다면 쾌재를 부르며 당장 영업에 나섰겠지만 지금은 가슴의 한이 된 실패가 온 나라에 알려졌을 뿐이니까.

갑작스레 타오르는 불이 너무 뜨겁고 부담스럽고 두려워서 진화를 해야겠다 싶었다. CBS 〈김현정의 뉴스쇼〉에 인터뷰를 자청했다. 그간의 사정을 설명하고 아지오는 한참 전에 문을 닫았으니 구두를 만들 수 없다는 사실을 분명히 밝혔다. 인터뷰가 끝날 즈음 김현정 피디가 물었다.

"기왕 이렇게 유명해진 김에 다시 한번 으쌰으쌰해서 구두 공장 좀 돌려보면 안 됩니까?"

"그래서 (공장장과) 전화를 주고받았어요. 조그마한 구멍이라도 보인다면 한번 해보자고 제가 얘기를 했어요. 만나서 한번 이야기를 꺼내볼까 합니다."

유석영은 자신도 모르게 마음에 품고 있던 생각을 꺼내놓고 말았다. 그의 가슴속에 미련과 희망의 불씨가 남아 있다는 것을 인정할 수밖에 없었다.

인터뷰 뒤에 또다시 '아지오'와 '유석영' 이름 석 자가 포털 사이트 실시간 검색어에 오르내렸다. 그간의 사정을 들은 사람들로부터 아지오를 다시 살리자는 성원이 빗발쳤다. 불을 끄려고 했다가 부채질을 한 꼴이었다.

사실 누구보다 아지오를 다시 살리고 싶은 사람은 유석영이었다. 2013년 8월 30일 아지오의 문을 닫을 때 그가 직원들에게 "나중에 기회가 되면 다시 잘해봅시다"라는 말을 남긴 터였다. '나중에 기회가 되면'이라니, 자신의 입에서 나온 그 모호한 말은 4년이 지난 당시에도 유석영의 가슴에 사무쳐 있었다. 그러니 어쩌면 지금이 바로 그 '나중'인지도 모른다는 설렘이 왜 없었겠는가.

만약 그가 30대였다면 당장 가슴이 애드벌룬처럼 부풀었을지도 모른다. 하지만 창업할 당시의 혈기왕성하던 40대가 아니라 비참한 실패를 경험해버린 50대가 되었다. 겁 없이 자신의 생각만으로 시작한 일이 많은 이에게 상처를 줬다. 처참하게 문을 닫은 아지오를 다시 시작하자는 성화에 그는 오히려 가슴이 무너지는 것 같았다. 그저 피해야겠다는 생각이 들어 유석영은 휴대폰을 꺼놓고 침묵하는 수밖에 없었다.

이슈와 비즈니스는 다르다는 것을 한 번의 실패로 깨달았다. '저렇게 물이 들어오는데 얼른 노 저을 생각을 해봐라' 하는 사람도 있었지만 유석영은 거품이 가라앉기를 기다렸다. 브랜드의 확장성은 생겼으니 언제 시작해도 될 것이다. 만약 아지오가 반드시 필요한 사업이라면 내 가슴이 시키는 대로 따르겠다. 그런 생각으로 두어 달을 뭉갰다.

아지오가 다시 존재할 단 하나의 이유

유석영과 가까운 이들 중 8할은 다시 시작하는 것을 만류했다. 고생하는 걸 다 보았으니 그럴 만도 했다. 사회적 약자를 위한 일자리를 창출한다는 좋은 뜻에 공감해주는 시민들의 선한 마음에는 감사하지만, 과연 그런 관심이 언제까지 갈 것인가에 대해서는 회의적인 시각이 많았다. 어찌 됐든 다시 시작하려면 또 빚을 지게 될 것이고 그럼 똑같은 어려움을 겪게 될 것이 아닌가. 특히 함께 아지오 공장을 운영했던 복지관 식구들은 그때의 고통스러운 기억을 떠올리며 고개를 저었다.

아쉬울 것 없이 안정된 직장을 다니며 잘 지내고 있는데, 안 하는 게 현실적으로 맞는다는 것을 유석영도 머리로는 알았다. 하지만 가슴속 작은 불씨가 쉽게 꺼지지 않았다. 고민이 깊어진 그때 또다시 떠오른 사람이 유시민이었다. '경제학을 전공한 사람이니 합당한 결론을 내려주지 않을까'라는 단순한 생각이었지만, 이 사람까지 만류하면 확실히 마음을 접는 쪽으로 결론을 내릴 수 있을 것 같았다.

'오늘은 어떻게든 결판을 내자.'

2017년 한여름의 어느 날, 유석영은 아침부터 작심을 하고 유시민을 찾아갔다. 한편으로는 '당연히 하지 말라고 하겠지?' 하는 마음, 다른 한편으로는 '그래도 하라고 하지 않을까' 하는 희망을 품은 채로. 대체 무슨 답을 원하는지 스스로도 알지 못한 채 그는 유시민에게 물었다.

"어떻게 하면 좋을까요?"

가만히 그의 고민을 듣던 유시민이 말했다.

"왜 안 해요? 대통령이 영업을 해주셨는데. 같이 살립시다."

그간 머리를 싸매고 고민한 것이 몇 날 며칠인데 이리 쉬운 대답이라니. 울고 싶은데 뺨을 때려준다는 것이 바로 이런 것인가. 순간 유석영 안에서 설렘과 기대가 솟구쳤다. 꺼지지 않던, 소중히 품어온 불씨가 마침내 활활 타오르는 것을 느꼈다.

사실 유시민도 쉽게 뱉은 말은 아니었다. 대통령의 인기가 영원할 리 만무하고 지금의 이슈 또한 얼마나 길게 갈지 모르는데, 그것만으로 하나의 회사를 재건할 수 있다고 믿을 리 없지 않은가. 그렇지만 이 기업이 이대로 영영 사라진다면 청각장애인들에게 좋은 일자리를 제공해줄 좋은 기회를 또 한 번 놓치게 된다. 아쉬워하는 소비자들도 많이 있다. 그러니 모두의 마음을 모으면 어떻게든 해볼 수 있지 않을까 싶었다.

유석영은 급하게 차오르는 설렘을 애써 억눌렀다. 신중해야 했다. 다시 시작한다면 더 많은 사람을 설득하고 더 많은 이들의 생계를 책임져야 했기 때문이다. 다시 아지오를 시작한다는 생각에 가슴이 벅차기도 했지만 두려움과 걱정도 따라왔고, 특히 이번에는 일부러라도 그런 두려움과 걱정을 가져야 했다. 그런 유석영에게 유시민은 말했다.

"제품에 문제가 있던 것도 아니잖아요. 나도 조합원으로 나설 테니까 같이 협동조합을 해보는 게 어때요?"

협동조합 중에서도 사회적협동조합이 아지오에 적합한 모델이었다. 협동조합은 소비자, 소상공인, 소규모 생산자 등 경제적으로 약소한 처지에 있는 사람들이 출자해 조합을 만들어 공동으로 운영하는 구조로, 그중에서도 취약계층에게 일자리를 제공하거나 소득 증대에 도움을 주는 등 사회경제적 사업을 진행한다면 사회적협동조합으로 인정받을 수 있다. 어느 한쪽으로 치우치지 않는 지배구조 위에서 경영의 어려움을 조합원들과 함께 타개할 수 있으리라는 기대가 들었다. 또한 청각장애인들이 제품을 만드는 기업인 만큼 사회적인 공신력이 필요하기에 공공사업의 형태를 띠어야 한다고 생각했다.

그렇게 아지오를 함께 일으키고자 한 사람들이 기꺼이 조합원이 되어 100만 원 이상씩을 출자해주었다. 출자한 금액에 상관없이 동등한 권리를 행사하고, 이익이 나도 개인이 가져가는 것이 아니라 재투자하는 것을 원칙으로 했다. 독야청청으로 성공하기는 어렵다는 것을 유석영은 한 번의 실패로 뼈저리게 느낀 터였다. 모두의 기업을 만들어야 흔들려도 쓰러지지 않을 것이다. 유시민, 가수 강원래, 네 명의 시각장애인을 비롯한 서른여섯 명의 조합원이 모였다. 유석영이 이사장직을 맡고 아홉 명의 이사와 두 명의 감사로 이사진이 구성되었다. 그렇게 아지오는 아주 든든한 울타리를 두르게 되었다.

만약 유석영이 돈다발을 들고 동업을 하자며 찾아오는 사람들의 제안을 받아들여 대량으로 구두를 생산했더라면 초기의 폭발적인 수요도 감당할 수 있었을 것이고 돈도 꽤나 벌었을지도 모른다. 속 편한 생각일 테지만, 그 돈이 아지오에 든든한 밑천이 되어줄 수도 있었을 것이다. 그러나 그들 중에는 이슈에 편승해 한몫 잡아보자는 속셈을 가진 사람도 있었을 것이고, 그렇게 한다면 잠깐은 좋을지라도 사업의 의미와 지속성을 보장할 수 없었다. 구두는 한철 장사가 아니지 않은가. 이번에야말로 지속 가능해야 했다.

무엇보다 아지오는 청각장애인들의 일터라는 것이 유일한

존재 이유였다. 더 효율적으로 더 많은 돈을 벌고자 한다면 공정을 기계화하고 처음부터 숙련된 기술자들을 뽑아야 한다. 그러면 빠른 속도로 많은 구두를 생산하는 것도 가능할 테니. 하지만 조금 느리더라도 청각장애인들이 기술을 배워가며 한 땀한 땀 만들고, 그러면서 기술력을 키워 직원들과 회사가 동시에 자립하는 길, 그것이 아지오가 가야 할 길이었다. 그것이 아니라면 아지오를 다시 살릴 이유가 전혀 없다. 그 설립 이념을 보고 대통령이 아지오 구두를 신었고 유명 인사들이 힘을 보태주었고 시민들이 응원해준 것이다. 그것이 곧 아지오라는 브랜드의 정체성이고, 브랜드 가치이며, 소비자들이 매력을 느끼는 지점이었다.

조합원의 출자로는 부족하기에 시민들에게 출자를 받기도 했다. '아지오 펀드'를 만들고 목표 펀딩은 5억 원, 개인이 넣을 수 있는 금액은 최소 10만 원에서 최대 50만 원으로 정했다. 시민들이 큰 부담 없이 출자할 수 있었으면 했고, 만에 하나 실패하더라도 큰 타격이 없는 금액으로 생각한 것이 최대 50만 원이었다. 그렇게 모은 돈은 은행 기본 금리를 적용해 2018년 10월 31일에 갚기로 했다.

워낙 적은 금액을 십시일반으로 모았기 때문에 최종적으로 모인 금액은 2억 원이 채 되지 않아, 추가로 선주문까지 받기로 했다. 당시는 겨울이었는데 내년 봄에 구두를 만들어줄 테니 구두값을 먼저 내달라는 제안이었다. 지금의 이슈를 그대로 안고 갈 수 있는 방법이기도 했다. 많은 고객들이 기꺼이 제품을 주문해주었다.

1년 전만 해도 허허벌판에 혼자 서 있는 것 같았다. 하지만 이제는 많은 사람이 같은 곳을 바라보며 함께 서 있는 것 같아 유석영은 든든하고 감사했다. 그만큼 더 잘해야 한다고, 절대로 실패하지 말아야 한다고 수없이 다짐했다.

발기인 대회를 두 차례 열고 조합원들과 머리를 맞대어 새로운 아지오를 어떻게 이끌어나갈 것인가 고민하고 조직을 구체화시켜 갔다. 그리고 마침내 2017년 11월 14일, 구두만드는풍경이 다시 시작되었다.

한 사람의 막대한 투자금으로 쉽게 갈 수도 있었지만 여러 단계를 거치며 자금과 의견을 모으고 또 모았다. 그러느라 시간도 꽤 소요했고 처음 밀려들어 온 주문을 많이 놓친 것도 사실이다. 정작 아지오가 언론에서 이슈가 되던 때에는 재출발을 준비하느라 시점이 맞지 않은 것이다.

우왕좌왕하기도 했지만 어떤 일이든 충분한 시간이 필요하다는 것을 유석영은 이제 알고 있었다. 준비 없이 급하게 시작한 결과를 이미 몸과 마음으로 겪었기 때문이다. 어느 한 사람에게 경제적으로 의존하기보다는, 좀 더디고 힘들더라도 많은 사람이 함께 만들어가야 한다는 것이 고민의 시간을 지나온 그의 판단이었다. 이번에는 본질을 지키면서 단단히 다져가야 한다. 다시는 무너지지 않도록.

황무지에서 핀 꽃

아지오가 화제에 오른 뒤 유석영에게 '밥 사라' 말하는 사람이 참 많았다. 그는 반가운 마음으로 밥을 샀다. 협동조합이지만 유석영의 사비도 좀 들였으니 안 그래도 빈 호주머니가 더욱 말라가는데도 즐거워서 매일 아침이 기다려졌다.

아무리 나쁜 일에도 좋은 점은 있다. 이것은 그가 시각장애인으로 살아가며 몸소 터득한 것이기도 하다. 장애인이라서 편견에 가로막히기도 하지만, 반대로 남들과 똑같은 일을 해도 장애인이기에 더 칭찬을 받기도 한다. 유석영이 자주 하는 말이 하나 있다.

"무더위를 잘 참고 견디면 가을에 열매가 달다."

나쁘기만 한 경험은 없다는 말. 2013년 아지오가 실패하지 않았다면 그건 그것대로 더할 나위 없이 좋았겠지만, 그렇게 아픈 실패도, 힘들었던 그 시절의 수고도 나쁘기만 한 것은 아니었다. 40대의 유석영은 분명 무모했고, 그건 이제 와서 부정할 수 없다. 그가 무모하게 씨를 뿌리고 다니던 땅은 이제 황무지가 되었다. 그 위에 하나둘 나던 싹들도 끝끝내 꽃을 피우지 못하고 져버렸다.

그러나 그 황폐한 땅을 뒤로한 지 4년이 흘러, 생명력 강한 씨앗 하나가 땅을 뚫고 올라와 싹을 틔웠다. 그리고 마침내 아지오는 다시 피어났다. 물을 주고 가는 손, 거름을 주고 가는 손, 그리고 수많은 바람과 햇볕이 있었던 덕분이다.

이제 여기를 아름다운 꽃밭으로 만드는 건 우리 손에 달렸다고, 유석영은 마음을 굳게 먹었다. 예전에는 복지관의 일과 아지오를 병행하다 보니 아지오에 더 전념하지 못한 것이 후회로 남았기에 이번에는 경기도 장애인생산품 판매시설의 원장직을 내려놓기로 했다. 단순히 두 가지 일을 병행하는 데 따르는 시간적·체력적 어려움 때문만은 아니었다. 영리를 고려하고 시장에서 결과로 승부해야 하는 기업인의 마인드는 사단법인이나 사회복지시설을 이끄는 원장의 마인드와는 달라야 했다. 경영자의 길을 택한 유석영은 돌아갈 곳을 남겨둘 생각이 없었다. 안정적인 직장을 그만둔다는 말에 가족과 지인, 동료 공무원들도 만류했지만 일생의 꿈을 다시 만났는데 안정된 직장이 다 무엇이란 말인가. 유석영은 기꺼이 사직서를 냈다.

장애인생산품 판매시설에서 함께 일하던 김두현도 직장을 그만두고 아지오에서 일하기로 결심했다. 발기인 대회를 준비할 때부터 도움을 주면서 아지오로 마음이 기울었다. 그에게 유석영은 존경스러운 사람이었고, 그런 사람이 그토록 열정을 쏟는 회사라면 자신도 분명 일하는 보람이 있으리라 믿었다.

적당한 부지를 찾다가 성남에 있는 어느 산업단지 건물 5층과 10층을 쓰기로 했다. 파주 허허벌판에 서 있던 철제 공장에 비하면 엄청난 발전이었다. 재개업을 했지만 아직은 사무는 물론 전화를 받을 사람도 부족했다. 이런 어려움을 알게 된 대학원 동기 정은경은 선뜻 도와주겠다고 나섰다. 마음 같아선 말리고 싶었지만, 아지오에 대해 이야기할 때마다 더없이 행복해 보이던 유석영을 떠올리니 말리기는커녕 자신이 할 수 있는 일이 있다면 무엇이든 돕기로 마음먹었다. 학교에서 특수교사로 일하고 있던 그는 마침 방학 중이라 아지오에서 사무를 돕고 전화도 받았다. 대가를 받지 않는 봉사의 개념이었다. 어느새 유석영이 그리는 청각장애인들의 꿈에 설득되어버린 모양이었다. 그는 자연스럽게 아지오에 녹아들었다.

아지오의 정예 멤버들.

아지오는 이 사람들에 의해 굴러가는 회사다.

재개업을 결정하고 유석영이 가장 먼저 연락한 사람은 물론 안승문이었다. 청와대에서 연락이 왔을 때도 바로 안승문에게 전화해서 이를 어쩌면 좋냐고 하소연을 했던 참이었다. 당시 안승문은 구두 브랜드 하청업체에서 일하고 있었다.

"망치 던지고 와야지?"

"당연히 그래야죠."

아지오가 문을 닫은 뒤에 적잖이 섭섭했던 것은 안승문도 마찬가지였다. 미운 정 고운 정이 다 든 마당에 갑작스레 흩어졌으니. 무엇보다 함께 고생하던 청각장애인들이 걱정되었다. 자신이야 기술이 있으니 다른 곳에서 나시 일하면 되지만 이들은 또 어디로 갈 것인가. 다시 궂은일을 찾아 여기저기를 떠돌 것 아닌가. 외진 공장에서 투닥투닥하며 일하고 눈이 오면 함께 눈 쓸고 쉬는 시간엔 탁구며 배드민턴도 쳤었지. 부대끼던 일이 문득문득 떠오르면 그리운 마음이 들기도 했다.

물론 또다시 아지오에 뛰어든다는 결심이 그리 간단하진 않았다. 파주 공장 때는 뭣 모르고 고생을 했지만 이번에는 오히려 잘 알기 때문에, 고생길이 훤히 보이는 곳을 제 발로 걸어 들어가기가 쉽지 않았다. 이번에도 가족들은 반가워하지 않았고 당시 일하던 업체에서도 쉽게 놓아주지 않았다. 하지만 미완성으로 끝난 일을 제대로 완성하고 싶다는 생각이 앞섰다. 아지오가 그를 절실하게 필요로 한다는 것을 안승문은 알고 있었다.

파주에서 같이 일했던 청각장애인들에게도 기쁜 소식을 알리고 다시 함께 일하자고 청했다. 막노동을 하고 있는 이도 있었고 저마다 새로운 일자리를 찾아 일을 하고 있었다. 안타깝게도 성남이 너무 멀어 대부분 건너오지 못했다.

'고생은 그들이 했는데 열매는 우리가 따 먹는구나.'

유석영은 또다시 미안해졌다. 하지만 아지오를 키워서 더 많은 청각장애인이 일할 수 있는 장을 만드는 것이 마음의 빚을 조금이라도 갚는 길이라고 생각했다.

청각장애인 열 명, 지체장애인 한 명을 생산직으로 뽑았다. 이 정도 규모는 되어야 전국의 수요를 맞출 수 있다고 판단했다. 스무 살에서 일흔둘의 어르신까지, 모아놓고 보니 세대의 폭도 넓고 개성과 취미도 매우 다양했다. 오롯이 구두밖에 모르는 안승문 공장장, 일찍 출근해서 궂은일을 도맡아주는 이용만 반장, 아지오를 '꿈의 직장'이라며 과분하게 칭찬하는 이정숙, 엷은 미소로 마음을 보여주는 김상진, 남이 하려 들지 않는 힘든 일일수록 몸이 앞서는 임택운까지.

모든 준비를 마친 것은 해를 넘긴 2018년 2월. 새로 문을 여는 것보다 다시 문 열기가 더 어렵다고 하는데 든든하고 고마운 사람들 덕에 용기를 품고 다시 힘차게 망치를 손에 들었다.
선주문을 받은 구두부터 어서 만들어야 했다. 드디어 새로운 아
지오 공장에 불이 켜졌다.

Chapter 6

다시 망치를 들고

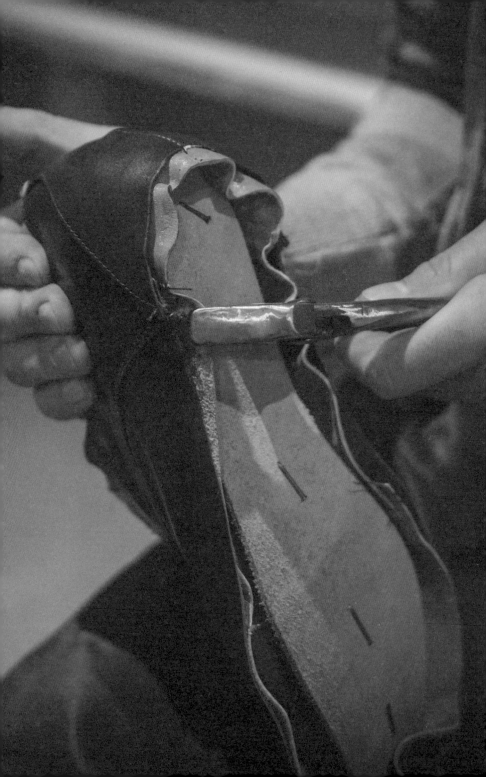

아지오, 일어서다

―――

'함께 일했던 때가 생생한데.'

유석영은 아지오의 문을 닫은 지 5년 만에 파주 월롱면 영태리의 옛 공장을 다시 찾았다. 건물은 예전 모습 그대로였지만, 망치 소리와 진한 가죽 냄새로 가득했던 공간은 이제 몸집 큰 기계와 묵직한 쇳덩어리로 꽉 차 있었고, 낯선 사람들이 분주하게 움직이고 있었다. '구두만드는풍경'이라는 간판 위의 글자 하나하나에 희망이 서려 있었고, 손으로 말하는 사람들의 표정이 무척 정겨웠던 곳. 유석영은 잠시 감상에 잠겼다.

'두 번째 기회가 이런 식으로 찾아올 줄이야……'

유난히 추웠던 파주에서의 겨울이 지나고 아지오는 긴 겨울

잠에서 깨어났다.

2018년 2월 1일, '구두만드는풍경 일터 여는 날' 행사를 시작
으로 아지오의 두 번째 시즌이 본격적으로 시작되었다. 조합원
들과 직원들이 모였고 일터를 방문하는 사람들의 발 치수를 무
료로 재어주는 이벤트도 열렸다.

행사가 끝난 후의 구두 공장에는 기계 소리와 망치 소리가
떠들썩하게 들리기 시작했다. 파주 시절에도 만들었던 심플한
디자인의 '아지오 드레스'라는 더비 구두를 가장 먼저 만들었
다. 어디서나 신을 수 있을 만큼 점잖으면서도 밑창이 두껍고
발등을 조이지 않아 쉽게 신을 수 있는 더비 구두는 아지오가
지향하는 편안함의 가치와도 꼭 맞았다.

아지오 공장이 다시 돌아가고 최초로 완성된 1호 제품, 블랙
더비를 유석영이 시착을 할 겸 구입했다. 마치 잃어버렸던 자식
을 찾은 것 같은 기분에 유석영은 그날 저녁 그 구두를 고이 모
셔 갔다. 설레고 벅차서 잠이 오지 않았다. 누웠다가도 다시 일
어나서 구두를 신어보았다.

바쁜 겨울이었다. 응원하고 믿어준 사람들을 떠올리며 하나
하나 준비하고 갖춰나갔다. 마침내 봄이 오자 아지오의 신상품

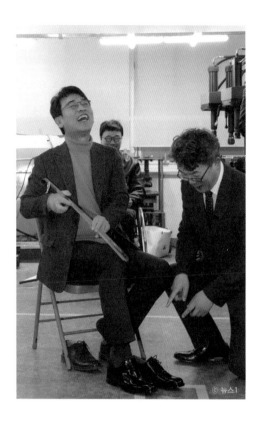

구두만드는풍경 일터 여는 날,

유시민이 구두를 시착하며 환하게 웃고 있다.

뒤로는 조합원 중 한 명인 가수 강원래도 보인다.

도 출시되었다. 선주문을 받은 구두부터 고객들에게 배송해주었다.

본격적인 시동이 걸리기 시작했다. 6월에는 아지오 온라인 쇼핑몰을 오픈했고 연이어 우수중소기업마켓대전에도 참가했다. 출장 실측 서비스도 점점 요청이 늘어났다. 직원들은 거제도에서 강원도에 이르기까지 고객들의 발을 재기 위해 열심히 뛰어다녔다. 물론 아지오 본사를 직접 방문해서 실측을 경험하고 다녀간 고객들도 꾸준히 늘었다.

많은 사람들이 문의하고 기다리던 여성화도 선을 보였다. 전에 만들던 여성화는 수녀화에서 비롯된 효도화였으나 좀 더 트렌디하면서 굽이 높은 제품도 만들어달라는 요청이 많았다. 남성화만 만든다면 세상에 있는 고객의 절반을 포기하는 셈 아닌가. 게다가 여성화는 남성화에 비해 다양하고 수요도 더 많으니, 여성화를 만드는 장인을 모셔 와 새로운 모델들을 생산하기로 했다. 새로 모셔 온 장인 중 하나였던 김용진 공장장은 여성화만 40년을 만들었고 그 기술을 인정받아 일본에서 10여 년간 일하기도 했다. 업계에서 알아주는 장인인 그를 2017년 12월에 스카우트해 왔다.

홈페이지와 SNS를 통해 구두를 신은 모델 사진도 공개했다. 이전에 종이 브로슈어를 만들어 사람들에게 주춤주춤 건네던 것에 비하면 장대한 발전이었다. 아지오의 첫 광고모델인 유시민이 이번에도 모델이 될 것임은 서로 말을 하지 않아도 알 수 있었다. 마침 유시민이 〈알쓸신잡〉을 촬영할 때라서 함께 출연하던 가수 유희열도 모델을 자청했다.

그 외에도 CBS 피디 김현정, 배우 김보성, 아나운서 최선규, 개그우먼 김지선이 기꺼이 모델로 나서주었다. 이번에도 모델료는 구두 한 켤레. 그럼에도 다들 거금의 모델료를 받은 것처럼 문서 없는 계약에 응해주었다.

재개업을 한 뒤 얼마 안 되어 유시민과 유희열이 본사로 찾아와서 직원들과 식사를 했다. 그 자리에서 새로 생긴 여성화 라인에도 모델이 필요하다는 이야기가 나왔다. 한창 아지오 식구들이 그 문제로 고심하던 터였다. 그러자 듣고 있던 유희열이 말했다.

"효리가 하면 좋겠다!"

이효리……? 이효리라면 그가 입은 옷이나 신발마다 인기를 끌 정도로 영향력이 큰 데다, 사회적인 문제에도 관심이 많고 선한 영향력을 발휘하기 위해 늘 노력하는 사람이 아닌가. 아지오 입장에서 그보다 좋을 모델은 없었다. 그렇지만 상업 광고를 찍지 않는다고 들었는데 괜찮을까?

유희열은 그 자리에서 바로 이효리에게 전화를 걸어 광고 모델을 제안했다. 이효리는 잠시의 망설임도 없이 승낙했다. 설마 하면서 꺼내본 것인데 이렇게 간단하게 성사되다니, 유희열도 이효리도 대단하다고 느꼈다. 이효리, 이상순 부부가 그렇게 아지오의 모델이 되었고, 이 일로 다시 한번 아지오는 큰 이슈가 되었다.

특히 2020년 코로나의 여파로 아지오가 추운 봄을 보내던 중, 이효리는 자신의 인스타그램에 직접 아지오의 신제품인 샌들, 로퍼 등을 신고 찍은 사진을 여러 장 올려주었다. "청각장애인들이 한 땀 한 땀 손으로 만드는 아지오 구두. 이렇게 예쁘기까지"라는 글과 함께.

사진을 올린 지 한 시간도 채 되지 않았을 때였다. 아지오 홈페이지에 접속이 되지 않는다는 문의 전화가 거듭 와서 직원이 살펴보니 정말이었다. 홈페이지에 사람들이 몰려들어 접속이 지연된 것이었다. 뒤늦게 포털사이트 실시간 검색어 순위에 '아지오'가 있는 것을 보고 이효리가 사건의 발단(?)이라는 것을 알았다. 당황해서 이리저리 뛰어다니는 직원들의 얼굴에는 미소가 가득했다.

이효리가 아지오의 모델로 참여한 2018년부터, 기존에

아지오 홈페이지 서버를 다운시킨 이효리의 사진 중 하나.

좀처럼 상업광고의 모델로 나서지 않은 그였기에

더 큰 이슈가 되었다.

40~50대가 대다수였던 아지오의 고객층이 20~30대까지 확산되었다. 특히 딸이 어머니에게, 또는 며느리가 시어머니에게 선물하는 일이 많아졌다. 남성화와 여성화 모델은 각각 16, 17가지로 늘었고 총 33종, 71개 색상별 제품을 수제화로 제작하게 되었다. 2018년 3월부터 12월까지 아지오의 매출은 9억 원. 연매출이 고작 1억 원밖에 되지 않던 파주 시절과는 비교가 되지 않을 정도였고 고객도 3배 이상 늘었다.

하지만 원가가 워낙 높아서 기대보다 순이익이 크지는 않았다. 한 달 매출이 8천만~9천만 원인데 공장 월세와 월급, 재료비, 각종 공과금 등 고정비용으로만 6천만~7천만 원이 들어간다. 또 청각장애인 직원들을 고용해 기술을 가르치면서 제품을 만들기 때문에, 직원들의 입사 초기에는 생산 기술을 기르는 데많은 시간과 비용이 투여된다. 고급화 전략을 이어가되 그렇다고 한없이 비싸지면 곤란하니 합리적인 수준인 20만 원대의 가격을 유지해야 한다. 재료비와 인건비를 생각하면 다른 공장보다 가격 대비 원가가 높을 수밖에 없는 것이 당연했다.

비효율적이고 비합리적이고 비생산적인 구조. 이익이 생겨도 거의 장애인 직원 고용이나 처우 개선에 쓰니 재정난에 허덕일 수밖에 없다. 아지오의 목표가 오직 성장이고 수익이었다면, 목표 달성은 꿈도 꿀 수 없는 어리석은 운영이란 비난을 피할 수 없을 것이다.

그러나 유석영이라고 해서 비장애인 기술자를 고용해 물건을 만들면 지금보다 수월하게 공장을 운영할 수 있다는 것을 왜 모르겠는가. 유석영은 아지오의 설립 이념이 '청각장애인의 자립'이라는 것을 단 한 순간도 잊은 적이 없다.

그는 믿는다. '직원이 행복해야 고객도 행복하다'는 말을. 일터에서의 행복이 '비용'이 아닌 '투자'라는 것을. 투입되는 비용이 적지 않지만 이렇게 해서 청각장애인 구두 장인이 배출된다면 그것이야말로 아지오의 성공이다. 그다음, 그다음의 장인을 길러내며 아지오와 청각장애인 장인들이 한국의 제화 기술을 보전하는 날을 꿈꾼다.

많은 사람이 구두를 재구매하고 사업 취지에 공감해주는 걸 보면서 유석영은 희망이 차오르는 걸 느꼈다. 노력하면 재정 문제는 충분히 극복할 수 있을 것이라고 마음을 다잡았다. 더욱이 새로이 느껴지는 변화가 뿌듯했다. 장애인은 생산적인 일을 할 수 없고 장애인이 만든 물건은 품질이 낮을 거라는 편견은 파주 시절 유석영이 가장 막막하게 느낀 벽이자 아픔이었다. 하지만 대통령을 비롯한 많은 유명인이 신는다는 게 알려지고, 실제로 구두를 신은 고객들의 칭찬이 쌓이면서 점차 청각장애인이

만들었다는 것은 아지오의 한계가 아니라 매력으로 받아들여
지고 있었다.

고지식하게 원칙을 지키고도 성공으로 향할 수 있다는 희망
도 생겼다. '청각장애인들의 꿈'을 돕는다는 원래의 설립 취지
를 지켜왔기에 많은 사람들이 나서서 손을 내밀고 홍보를 자청
해왔다. 장애인이 제품을 만든다는 이야기가 편견으로밖에 돌
아오지 않았던 그동안의 설움을 생각하면 그야말로 엄청난 변
화다. 여전히 아지오에서 첫 번째로 소중하고 강력한 자산은 청
각장애인의 일터를 마련해 직업인으로 자립하게 돕는다는 설
립 철학이며, 두 번째는 어떤 어려움에도 그 철학을 잃지 않는
다는 원칙이다. 진심에서 비롯된 철학으로 창업하고 이를 지켜
나갈 때 가치가 만들어지고 성공의 기회 또한 열린다는 것을
새로운 아지오는 증명해가고 있다.

당신의 발을 재드립니다

———

'내가 왜 신발에 꽂혀서······'

단 한 번도 후회가 없었다고 한다면 거짓말일 것이다. 아니,
사실 유석영은 종종 후회하곤 했다. 벨트나 지갑, 가방 같은 잡

화를 골랐더라면 규격대로 만들기만 했으면 됐을 텐데. 신발은 발 모양이 저마다 다르니 사람들의 발에 맞춰 수제로 만들기가 여간 까다로운 것이 아니다.

유난히 발이 예민한 고객에게서 컴플레인이 들어올 때면, 청각장애인을 위한 일자리를 만들자며 하필 그 옛날의 경쾌한 구두 공장을 떠올린 스스로가 원망스럽기도 했다. 얼마나 구두에 깊숙이 꽂혔으면 주변을 둘러보지 못했을까.

새롭게 태어난 아지오를 운영하고 차츰 시간이 흐르면서 유석영은 바로 이 '까다로움'이 아지오의 경쟁력이 되었음을 새삼 깨닫고 있다. 이제 유석영은 어디서든 한 점의 부끄러움도 없이 말할 수 있다. 아지오는 순수한 국내산 제품으로, 최고의 자재를 갖고 빈틈없이 만든 신발이라고. 파주 시절에 없었던 '맞춤'을 강화한 것도, 그 까다로움이 앞으로 아지오가 추구해야 할 방향이라 판단했기 때문이다.

조합원들의 판단도 마찬가지였다. 여전히 매장이 없는 상태에, 후발주자로 시장에 진출했으나 기술력만큼은 탄탄한 아지오는 예전과 마찬가지로 수제화로 차별화해야 한다. 그리고 이미 차별화된 수제화를 한 번 더 차별화하는 방법으로 떠올린 것이, 바로 맞춤 구두였다. 파주에 있을 적엔 간혹 특이한 발을 마주할 때만 실측해서 구두를 만들곤 했었는데, 이 실측을 통한 맞춤을 더욱 확대해보면 어떨까 하는 데 조합원의 의견이 모아졌다.

발을 재서 내 발에 꼭 맞는 신발을 맞추는 것은 요즘 세상에는 흔치 않은 일이다. 값싸고 보기에도 예쁜 신발들이 쏟아져 나오니 소비자는 내 발에 신발을 맞추는 대신, 일단 사서 조금 불편하더라도 신발에 내 발을 맞추곤 한다. 그렇게 한철 신다가 낡으면 버리고, 그다음에 다시 사면 그만이다.

하지만 내 발에 맞춘 신발, 게다가 천연 가죽으로 만든 신발을 신어보면 확실히 다르다는 것을 감각으로 느끼게 된다. 안승문이 늘 "한 번만 신어보면 알 텐데"라고 이야기하는, 재구매로 직결되는 그 감각이다. 더군다나 특이한 발을 가졌거나 많이 걷는 사람에게는 맞춤화만 한 게 없다. 이 맞춤화를 신는 경험을 더 많은 사람에게 선사하면 그 감각을 잊지 못할 잠정 고객이 차츰 늘어나리라 생각했다.

물론 맞춤이란 실제로 구두를 만들지 않는 사람은 상상도 할 수 없는 고생과 노력이 필요한 영역이었다. 발에 딱 맞추어 열심히 만든 구두가 실제로는 편하지 않아 다시 만들어야 하는 경우도 예삿일이다.

한번은 아지오를 다시 열면서 펀드에 50만 원을 지원하고 한꺼번에 네 켤레의 구두를 동시에 선주문한 고객이 있어 안승문이 실측을 위해 직접 찾아간 일이 있었다.

그는 법무법인 율촌의 황문환 수석전문위원이었다. 족저근 막염이 있어 일반 구두를 신지 못하는 그는 외국 브랜드의 기능성 구두 제품을 수소문하여 신곤 했는데, 마침 기사를 통해 아지오를 알게 된 참이었다.

"젊을 때는 아주 발이 건강했죠. 최전방에서 사병으로 복무할 때도 거뜬히 10킬로미터 행군을 수차례나 해냈습니다. 완전 군장을 한 채로요. 등산도 줄곧 해와서 튼튼하게 단련된 발이었어요. 그러다가 2016년 12월부터 반년이 넘도록 일주일에 스무 시간 이상을 꼬박 서서 강의를 계속하다 보니 발바닥 근육에 손상을 입었습니다."

그 말대로 발의 상태가 좋지 않았다. 통증을 넘어 발 모양에도 변형이 심하게 와 있었다. 유석영이 늘 하는 말, "열심히 사는 사람치고 발이 무사한 사람이 없다." 황 위원도 거기에 딱 들어맞는 사례였다.

황 위원의 독특한 발이 요하는 것을 모두 맞출 수 있을지 걱정이 앞섰다. 그러나 아지오가 편안함을 선사할 발에는 예외가 있을 수 없었다. 안승문은 여느 때보다 꼼꼼히 발 크기를 재서 신사화를 제작했고, 만들어진 제품을 걱정 반 기대 반의 마음으로 전달했다. 황 위원은 처음 구두를 신고는 참 편하고 좋다고 했다. 평소보다 많은 요구사항에 걱정하고 고생한 안승문도 흐뭇해했다. 그러나 사흘이 지났을 즈음 유석영 앞으로 메시지가 왔다.

"왼발이 너무 아파서 도저히 구두를 신기 어렵습니다."

실망한 안승문은 곧바로 다시 황 위원의 발을 점검하고 다른 기법으로 구두를 제작했다. 전보다는 문제가 완화되었지만 불편과 통증은 해소하지 못했다. 결국 안승문은 세 번째 도전을 감행하여, 그간의 문제들을 모두 보완해서 다시 구두를 만들어 황 위원을 찾았다. 새 구두를 신어본 황 위원은 그제야 환하게 미소를 지었다.

"참 편합니다. 이제야 비로소 제 발이 임자를 만난 것 같네요."

안승문과 아지오 식구들의 마음도 편안해졌다. 황 위원은 그 뒤에 로펌 사무실에 아지오 구두를 권했고 실제로 율촌의 많은 직원들이 구두를 구매해주었다.

황 위원의 사례처럼 발이 무사하지 않은 사람은 물론이고, 발이 성할지라도 보다 편안한 구두를 맞추기 위해서는 실측의 공정이 필요했다. 다만 곳곳에 매장을 둘 수 없고 성남 깊숙한 곳에 자리한 아지오로서는 모든 고객들에게 발을 재러 본사로

방문하도록 권할 수는 없었다. 그래서 고민 끝에 신설한 서비스가 '출장방문 신청'이었다. 출장방문을 신청하면 아지오가 직접 고객에게 찾아가서 발을 측정해주기로 한 것이다. 출장 실측비는 거리와 관계없이 어디든 3만 원. 서울, 경기, 인천은 매월 두 차례, 충청도는 매월 첫째 주, 전라도는 둘째 주, 경상도는 셋째 주, 강원도는 넷째 주로 정해서 지역마다 묶어서 실측을 다니기로 했다.

출장방문을 통한 맞춤에는 유석영의 또 다른 계산도 담겨 있었다. 매장을 만들 여력이 안 되니, 고객들이 발을 재는 경험을 곧 매장에서의 경험처럼 삼도록 하면 어떨까 궁리한 것이다. 즉 경험 마케팅의 일종으로, 고객들로 하여금 아지오라는 브랜드를 체험하고 관계를 구축하도록 하는 것이다. 발만 재고 당장 아지오 구두를 구매해주지 않아도 좋다. 눈으로 모델을 골라 몇 가지 사이즈의 구두를 신어본 다음 빠르게 계산하고 나오거나 직원을 의식하며 조심스럽게 구경을 하는 매장에서의 경험과는 달리, 아지오 실측 출장은 근본적으로 '약속'이고 '만남'일 수밖에 없다. 게다가 신발이 아니라 고객의 발을 중심으로 출발하며, 생활 습관이나 평소의 불편함에 대해 대화를 나누다 보면 고객에게 아지오가 기억되는 것은 물론, 아지오 또한 고객을 한 명 한 명의 사람으로 인식하게 된다.

실측은 단순히 신발을 맞추기 위한 준비 단계가 아니다.

고객은 실측을 통해 어디서든 아지오를 경험할 수 있다.

실측이 이루어지는 모든 곳이 곧 아지오의 매장이다.

초기에는 지역마다 장애인 직원들을 선발해서 발을 재러 다니게 하고, 실측한 데이터를 토대로 아지오 공장에서 신발을 만들어 보내려고 했지만 무리한 일이었다. 발을 재는 일이 그리 간단하지 않았던 것이다. 전문적이지 않은 수준으로 교육을 받은 직원들이 발을 재고 그것을 기반으로 제품을 만들었더니, 실제 발과 맞지 않는 일이 간혹 생겼던 것이다. 전체 주문량 중 약 4퍼센트의 오차였으니 꽤 높은 확률이었다. 구두에 대해 잘 알고, 장인들과 늘 소통할 수 있는 사람이 제대로 배워서 발을 재야 했다.

그래서 안승문이 담당 직원늘에게 실측 기술을 훈련시켰다. 발을 잰다는 것이 보기에는 단순해 보이지만 생각보다 고려할 것이 많다. 먼저 실측지에 발을 올려놓고 그대로 그려야 하며 줄자로 이곳저곳을 감아 재는 것은 물론이고, 발의 특징이나 고객의 생활 습관도 고려해야 한다. 사람마다 신발 신는 패턴도 달라서 평소에 꽉 낀 신발을 선호한다거나 일부러 헐렁헐렁하게 신는지도 반드시 확인해야 한다. 종일 구두를 신고 일한다거나 오래 서 있어야 한다는 식으로 특이점이 있는지, 다양한 변수들을 고려해야 해서 공부할 영역이 넓다.

물론 요즘에는 기계를 통해 실측하는 방법도 있지만, 유석영은 고객 맞춤식으로 발을 측정하는 데는 '스킨십'만 한 것이 없다고 판단했다. 직접 보고 만져보고, 혹시나 변형이 일어난 부분은 직접 사진으로 남겨둔다. 한 사람 한 사람과 면대면으로 만나 하나하나 실측한다. 발등의 높이나 세세한 발의 모양까지, 기계로 미처 확인할 수 없는 부분까지 눈과 손으로 확보한 데이터가 가장 정확하다는 것이 아지오가 경험을 통해 얻은 바였다. 동시에 '고객과의 거리는 가까울수록 좋다'는 것이 유석영의 마케팅 철학이기도 했다.

그렇게 얻은 데이터는 고객 각각의 성향과 특이사항과 함께 보관되고 관리된다. 이 데이터가 쌓여 고객의 니즈를 더 잘 반영할 수 있게 된다. 스킨십 마케팅은 아지오가 고객과의 신뢰를 쌓는 비결이기도 하다. 아지오의 마음을 알아주었는지 어느 고객은 이런 후기를 남기기도 했다.

"발이 못나 신발을 사기 어려웠는데 아지오 구두를 한 켤레 맞췄습니다. 그 자리에서 발 사이즈를 재고 발의 특징도 꼼꼼히 적어 가시더라고요. 며칠이 지나니 공장장님한테 전화가 옵니다. 발 모양이 어떤지 평소 기성화를 신으면 어떻게 불편했는지, 한 번이 아니라 두 번이 옵니다. 그리고 이 주일쯤 지나자 구두가 왔습니다. 이제 하루 종일 서 있어도 그 전만큼 피로하지 않습니다. 아지오의 기업 정신이 계속 이어질 수 있길 기원합니다."

실측의 기쁨과 슬픔

———

아지오를 다시 열었을 당시에는 실측하는 사람이 한 명뿐이었기에 밀려들어 오는 수요를 감당하지 못했다. 유석영의 대학원 동기로, 새로이 시작하는 아지오를 돕고자 사무를 처리해주던 정은경은 조바심이 났다. 전국 각지의 고객들에게 전화는 걸려오는데 모든 사람의 발을 재러 다닐 인력도 없고, 이윽고 주문을 취소하는 일까지 생기고 있으니. 이러다 손님 다 놓치겠구나 싶었다.

안 되겠다 싶어 정은경은 공장장에게 실측하는 법을 배웠다. 본업은 특수교사이지만 주말에는 쉬니 그때 본인이 출장을 다니며 실측을 하면 되겠다는 생각이었다. 일단은 경상도 쪽을 맡았다. 자신의 경차를 끌고 부산, 대구 등지를 누볐다.

처음에는 주유비도 본인이 댔다가, 유석영이 그 사실을 알고는 놀라 만류하며 법인카드를 쥐여줬다. 정은경은 마지못해 받았지만 몰래 공비와 사비를 섞어 쓰며 실측을 다녔다. 거리에 상관없이 실측비가 겨우 3만 원씩이니, 이러다 주유비가 더 나오지 않을까 하는 걱정이었다. 그래서 한번 나가면 주유비를 아끼기 위해 최소 열 곳은 돌 생각으로, 가장 효율적인 동선을 짜서 다녔다.

실측을 할 때는 안승문에게 배운 대로 여덟 가지 정도의 기본 사항을 먼저 확인했다. 기존의 신발 사이즈와 키를 묻고 발의 모양에 특이사항이 있는지 확인한다. 혹시 평발인지 망치발인지 요족인지까지. 내향성 발톱, 티눈, 굳은살까지도 확인하는데 이 부분이 신발에 닿으면 아프기 때문이다. 질병 유무에 대해서도 물었다. 혈액순환 장애나 관절염, 디스크 등이 있는지 묻는데, 특히 고혈압이나 당뇨가 있으면 발끝까지 혈액순환이 잘되지 않아서 신발을 꽉 조이게 신으면 안 된다. 신발을 평소 꽉 끼게 신는지 느슨하게 신는지, 바닥은 딱딱한 걸 선호하는지 푹신한 걸 선호하는지도 빠뜨려선 안 된다. 기존 신발이 어디가 주로 닳는지, 기성화를 신을 때 불편했던 사항이 무엇인지도 확인한다. 그런 다음에 실측지에 발을 올려 발 모양을 그리고 발너비와 발등 높이도 꼼꼼히 잰다. 마지막으로 특이사항이 보이면 손으로 발을 만져 눌렀을 때 아픈지까지 확인한다.

이렇게 실측한 것을 토대로 신발을 제작한 뒤에 고객에게 보내서 확인한다. 신발이 잘 맞지 않거나 불편하면 다시 받아서 수선한다. 한 번에 발에 꼭 들어맞는 경우가 대부분이지만 이 과정이 몇 번이고 반복될 때도 있다.

한번은 시어머니께 신발을 맞춰드리고 싶다는 중년 여성의 주문을 받고 발을 실측하러 간 일이 있었다. 막상 시어머니 되는 분의 발을 보았는데, 순간 당황하는 마음이 올라오는 것을 억눌러야 했다. 무지외반증. 엄지발가락이 새끼발가락 쪽으로 굽어서 엄지발가락 옆 관절이 튀어나오는 증상으로, 비교적 흔한 것이었지만 이 정도로 심각한 경우는 처음 보았다. 그 발에서 그녀의 삶이 그대로 보이는 것 같았다. 평소에 무슨 신발을 신고 다녔는지 물으니, 사이즈가 한참 큰 운동화를 신었다고 했다. 일단 해보자 마음먹고 실측을 했고, 질환을 고려하여 신발을 만들어 보냈는데 얼마 안 있어 전화가 걸려왔다.

"발이 들어가지도 않아요!"

격양된 목소리에 깜짝 놀라 부리나케 달려갔더니 정말이었다. 보통 신발도 발이 들어가긴 힘들어도 일단 들어가면 그럭저럭 신을 수 있다고 했는데, 새로 맞춘 신발에는 발이 들어가지도 않았다. 어색하게 큰 신을 끌고 다니는 시어머니가 안타까워 큰마음 먹고 나들이용 신발을 장만해드리고 싶었던 며느리는 기대가 컸던 만큼 실망도 컸다. 죄송하다고 거듭 사과하고 다시 만들어서 보냈더니 이번에는 들어가긴 하는데 너무 꼭 낀다는 게 아닌가.

"공장장님, 같이 좀 가주셔야겠어요."

안 되겠다 싶어서 안승문을 대동했다. 안승문은 꼼꼼히 발을 만져보고 신발도 신겨본 다음 신발을 다시 제작했다. 정은경은 이번에도 맞지 않으면 그 자리에서 바로 들고 돌아올 생각으로 택배로 보내지 않고 직접 방문했다. 두 번이나 실패했으니 고객을 뵐 면목이 없었고, 아지오 브랜드를 위해서도 '엄한 스승'이 내준 과업을 꼭 완수해야 했다. 떨리는 마음으로 어르신의 발 앞에 신발을 고이 놓아드렸다. 신데렐라처럼 발이 구두에 쏙 들어가는 걸 보고서야 한시름 놓았다.

"이번에는 잘 맞고 발도 편하네요. 고맙습니다."

어르신의 말씀에 며느리도 정은경도 안도하며 겨우 웃을 수 있었다.

사람 발 모양이 이렇게 다르다는 것을 정은경은 이 일을 하며 새삼 느꼈다. 특이한 발을 가진 사람도 참 많았다. 양발 사이즈가 서로 다른 발, 길이는 짧은데 등만 희한하게 높은 발, 발꿈치가 유독 예민한 발…… 하지만 정말 힘든 것은 발이나 제품의 문제보다는 사람의 문제였다. 그는 한 사람 한 사람을 만나기 위해 먼 거리를 어렵게 달려갔지만 고객이 늘 그 고생을 알아주는 건 아니었다. 네 시간을 달려갔는데 도착한 장소엔 아무도 없고 닫힌 문 앞에서 하릴없이 고객에게 전화를 걸 때면 허무하기 이를 데 없었다. 정은경으로서는 치밀하게 동선을 짜서 여러 곳을 다녔기 때문에 한 곳에서 지체되면 일정이 꼬이고 서울로 올라오는 시간도 한없이 늦어져버렸다.

'내가 지금 뭘 하고 있는 거지?' 하는 생각이 불현듯 닥치는 순간도 있었다. 실측 장소를 갑작스레 바꾸는 일은 예삿일이었다. 하루는 바뀐 장소가 멀지 않아 다행이라고 생각하고 찾아갔더니 술자리가 한창이었다. 고객의 발을 재는데 시선이 쏠리는 것이 느껴졌다.

"거, 나도 재봅시다."

시간이 없었지만 흥을 깨는 것도 좋지 않을 것 같았다. 결국 술자리에 있던 대부분의 사람들 발을 실측했고, 일정은 말도 안 되게 늦어졌다. 물론 실측을 한 사람들은 결국 주문을 하지 않았다. 본의 아니게 신기한 여흥을 제공한 셈이었다.

하지만 힘든 일만 있었다면 정은경은 결코 계속하지 못했을 것이다. 아지오를 돕고 아지오 식구들과 함께하는 데서 얻는 기쁨, 무언가 새롭고 소중한 것을 만들어나가는 보람이 분명히 있었다. 오랫동안 특수교육을 하면서 장애아동들과 생활해온 정은경은 만나는 사람이 한정되어 있었다. 장애아동들과 그들의 부모, 다른 선생님들이 그녀가 만나는 사람의 전부였다. 발을 재러 다니면서 참 다양한 곳에서 다양한 사람들을 만났다. 괜찮은 사람이었든, 희한한 사람이었든 그것은 그녀에게 생생한 자극이 되었다.

사람을 만나 물건을 파는 일은 성격상 자신이 절대 못 할 일이라고 생각하며 살아왔는데 그렇지도 않았다. 고객을 만나는 일이 의외로 힘들지 않았고 능숙하게 대응하고 구두도 썩 잘 판매하는 자신을 발견하며 정은경 스스로도 놀랐다.

'해보지 않으면 모르는 일이 참 많구나.'

나는 내가 제일 잘 안다고 생각해서 스스로 한계를 두었는데 아지오를 도우며 우연찮게 발을 재러 다니면서 몰랐던 자신의 모습을 발견한 것이다. 그건 그것대로 예상치 못한 기쁨을 안겨주었다.

그런 정은경을 보며 유석영은 늘 생각했다. '참 이상한 사람'이라고. 살면서 특별한 인연도, 이득도 없이 헌신하는 이상한 사람들을 많이 만나왔지만 그중에서도 정은경은 달랐다. 바쁜 한 주를 보내고 겨우 맞은 주말 휴식도 포기하고 몸소 나서서 전국을 누비는 모습을 보며, 유석영이라고 마음이 편치는 않았다. 하지만 일손이 모자라 또 염치없이 부탁을 해버렸다.

정은경이 실측을 시작하고 1년 반 정도 지난 어느 날, 유석영에게 전화가 걸려왔다. 정은경의 남편이라고 했다. '부인께 그 고생을 시키고 있으니 한 말씀 하려고 전화했구나' 싶어 잔뜩 긴장했다. 부인이 혼자 밤늦게까지 전국을 다닌다면 어느 가족이 좋아하겠는가. 어떤 책망과 욕이 날아와도 달게 받으리라. 그런데 그가 전해온 것은 뜻밖의 소식이었다.

"은경이가 쓰러져서 지금 병원에 와 있거든요."

집에서 뇌출혈로 쓰러져 급히 응급실로 이송되었다고. 유석영은 죄책감과 걱정에 휩싸여 멍해졌다. 모든 게 자신의 탓인 것만 같았다. 그런데 그다음 정은경의 남편이 전한 말에 유석영의 목이 메었다.

"토요일에 실측 약속이 잡혀 있다는데 어떻게 하죠?"

병원에 누워 수술을 기다리면서도 실측 약속이 걱정되어 움직이기도 힘든 몸으로 남편을 재촉했던 것이다.

"이 사람아, 실측이 문제인가. 몸부터 어서 챙겨야지!"

간신히 전화를 끊은 유석영의 눈가가 붉어졌다.

실측이 뭐라고, 아니 아지오라는 회사가 뭐라고 이렇게 건강까지 버려가며 소매를 걷어붙인단 말인가. 영업사원으로서 온갖 사람들을 만나가며 이미 부끄러움도 버리고, 무난한 일상과 평안한 주말까지 양보한 사람인데. 그 무게와 고마움 앞에서 계속해서 눈물이 흘렀다. 아무런 보상도 없이 부인을 고생시키고 어쩌면 병까지 안겼을지 모르는데도 조금도 자신을 책망하지 않는 정은경의 남편에게도 죄스럽고 감사하여 눈물이 마르지 않았다.

이런 사람들 덕분에 모진 풍파 속에서도 아지오가 항해를 이어갈 수 있었던 것이 아닌가. 너무나 많은 사람들이, 받은 것도 없이 아지오에 열정과 헌신을 바쳤고 혼신의 힘을 다해주었다. 반세기 경력을 가지고 다른 공장에서 받을 수 있는 급여에 한참 모자라는 수준만 받고 일하는 안승문 공장장을 비롯해 그동안 아지오를 거쳤던 장인과 직원들, 생각해보면 터무니없는 비용인 구두 한 켤레만 받고 기꺼이 광고에 나서준 모델들, 부탁하지도 않았는데 주변 사람들에게까지 영업을 나섰던 지인들이 떠올랐다. 그리고 처참히 실패했던 파주 시절의 아지오로 돌아갔다. 고생만 시켰던 동료들의 기억을 소환했다.

유석영은 여전히 도망가고 싶을 때가 있었다. 생각처럼 잘 풀리지 않을 때면 첫 번째 실패로 겪은 두려움이 엄습해왔다. 그러나 이제 그런 공포는 이겨내야 했다. 정은경이, 또 많은 사람들이 도망치거나 회피하지 않고 자신의 한계까지 아지오를 지탱해준 것처럼, 그도 그들의 꿈을 이루고 지켜줘야 했다.

그 후 실측 영업사원으로서 정은경의 업무는 종료되었다. 순조롭게 몸을 회복한 그는 지금도 아지오에 무슨 일이 생기면 누구보다 두 팔을 걷고 나선다. 그때 일을 두고 물으면 정은경은 한사코 손을 저으며 말한다.

"너무 무리해서 그랬던 게 아니에요. 절대 아지오 탓이 아니라니까요?"

아무도 믿지 않지만 그녀는 그렇게 애써 아지오의 부담을 조금이라도 덜어주려고 한다.

한때 반쯤은 회의적이었던 그녀를 이토록 헌신하게 만든 것은 바로 '믿음'이었다. 아플 만큼 아파보고도 희망을 꿈꾸는 유석영과 구두 한 켤레로 세상이 달라질 수 있다는 아지오를 향한 믿음이 그녀를 움직였다. 그래서 오늘도 정은경은 주름진 로퍼를 신는다. 그리고 사돈의 팔촌까지 아지오를 신기고 있다.

이제 아지오에는 실측 직원도 있고 회사 차량도 있다. 계속해서 누군가의 도움에 의존할 수는 없는 일이다. 신발을 잘 모르는 조합원들이 머리로만 생각한 것과 실무에서 벌어지는 실측 사이에는 분명한 차이가 있었다. 실측은 보기보다 훨씬 더 고생스럽고, 예상외로 고객과의 곤란한 상황도 많이 벌어지는 업무였다. 하지만 직접 발을 재서 내 발에 맞춘 구두를 만드는 것이 아지오의 포기할 수 없는 경쟁력인 것은 분명하다. 결국 아지오와 사람 대 사람으로 만났던 고객들이 아지오를 지속하게 해주는 힘이었다. 시스템을 정비하고 조금 더 효율적인 방법을 찾아나가는 것이 답이라고, 유석영은 생각했다.

구두 한 켤레가 탄생하는 풍경

2021년 현재 아지오의 생산부에는 10층에서 남성화를 총괄하는 안승문 공장장, 5층에서 여성화를 총괄하는 김용진 공장장, 그리고 열 명의 장애인 직원들이 있다. 초기 목표는 서른 명의 장애인을 채용하자는 것이었는데 여기에는 아직 도달하지 못했다. 여전히 유석영에게 남아 있는 과제다.

생산 현장에 들어서면 독특한 가죽 내음, 모양이 제각각인 발틀, 공정에 따라 놓인 장비와 재료들, 부지런한 손끝에서 우아한 곡선과 아름다운 맵시로 완성되고 있는 아지오 구두 여러 켤레가 한눈에 들어온다. 직원들은 저마다 기계 앞에 앉아 가죽을 다듬거나 틀에 맞춰 모양을 잡거나 광을 내는 작업에 몰두해 있다. 출입문과 가장 가까운 곳에서 일하는 정해숙은 드나드는 사람들에게 언제나 환한 인사를 보낸다. 능숙한 포장 솜씨를 뽐내는 김영길, 조순옥, 전수연, 그리고 사무실과 생산 현장을 바삐 드나드는 경영지원부 사람들까지, 활기와 분주함이 매일 펼쳐진다.

구두 공정은 상세히 뜯어보면 스무 가지가 넘는다. 구두 한 켤레 만드는 데 그렇게 많은 과정이 필요하다고 하면 대부분의 사람들이 놀란다. 하지만 어릴 때부터 구두를 만들어온 안승문에게는 물 흐르듯 자연스러운 과정이다.

　구두를 사보지 않은 사람은 거의 없겠지만, 자기가 신은 구두의 제작 공정을 아는 사람은 그리 없다. 수제화 한 켤레를 만들기 위해 많은 공정과 세심한 손길이 들어간다는 사실을 아는 사람도 많지 않다. 먹는 음식이 손맛에 따라 차이가 나듯, 구두 역시 그 각각의 공정에 들어가는 손맛이 매우 중요하다.

① 제작의 첫 관문. 고객이 와서 발을 실측한 뒤 마음에 드는 디자인과 색상을 선택한다.

② 실측한 내용을 바탕으로 가죽을 재단하고 바느질을 하게 되는데, '갑피甲皮, upper'를 완성하는 과정이라 하여 '제갑製甲'이라고 한다.

③ 갑피를 바닥에 붙이고 광을 내는 과정을 거친다. 아지오는 규모나 인력 구성상 어려움이 있어 갑피는 수급을 받고 있지만, 앞으로 공장이 커지면 갑피도 직접 만드는 것을 계획하고 있다.

④ 구두 틀을 잡고 '월형counter'과 '선심box toe'을 삽입한다. 월형과 선심은 각각 뒤축과 앞코의 형태에 맞게 만들어 겉감과 안감 사이에 넣는 고정물로, 아지오 구두의 경우에는 가죽으로 만들어진다. 구두를 신을 때 가장 많이 구겨지는

곳이 앞코와 뒤축이기 때문에, 뒤꿈치를 보호하기 위해 월형을, 발가락 부분을 보호하기 위해 선심을 넣는다.

⑤ '토라스타'라는 기계로 옆선이 틀어지지 않고 일정한지 점검한다.

⑥ '힐라스타'라는 기계로 뒤꿈치를 동그랗게 마무리하고, 옆선이 복숭아뼈에 닿지 않는지 등을 점검한다. 여기까지가 구두의 선을 만드는 작업으로, 선이 하나라도 잘못되면 여지없이 불량품이 된다.

⑦ 여기까지 완성된 구두를 그대로 모양이 잡히도록 성형 건조기에 넣어 바람과 열로 말려준다.

⑧ 건조된 구두를 망치로 두드려서 모양이 흐트러진 곳을 다듬고 밑창이나 굽을 붙인다.

⑨ 마지막으로 구두 표면에 생긴 얼룩 등을 닦아내고 광택과 방수를 위해 약품 처리를 하면, 마침내 한 켤레의 구두가 완성되어 소비자 앞에 설 준비를 마친다.

이 모든 공정이 유기적으로 연결되어 있는 것이 구두 만드는 일이다. 어느 한쪽에서 실수가 생기면 그 구두는 곧장 못 쓰게 되어버리기 때문에 그만큼 직원들 간의 소통과 협업이 중요하다. 아지오는 한 공정을 두 명씩 맡고 있는데 앞부분의 공정

을 맡은 직원은 먼저 일이 끝나기 때문에, 그 후에는 뒤의 공정을 돕기도 하면서 예쁘고 튼튼한 구두를 만드는 데 힘을 보탠다. 청각장애인들이 눈으로 확인하는 데는 누구보다 빠르고 정확하기 때문에, 일단 공정과 기술을 이해하고 나면 그다음부턴 아주 정교한 제품이 나온다.

안승문은 어릴 적부터 양화점에서 배운 이 방식을 아지오 공장에서 재현하고 있다. 양화점이 사라진 후 대형 공장에서 기계를 사용해 구두를 찍어내던 시절도 있었는데, 아지오에서는 다시 옛날 방식으로 한 땀 한 땀 구두를 짓는다. 철저하게 망치질을 하고 손으로 가죽을 다듬으면서.

수제화 산업이 침체되는 와중에도 기술을 써먹을 곳이 늘 어딘가에 있었다는 것은 안승문으로선 다행이었지만, 기성화의 범람으로 자신의 기술이 충분히 존중받지 못한다는 느낌도 많이 받으며 살았다. 그러나 오히려 나라가 먹고살 만해지면서 손맛이 담긴 물건의 가치를 알아주고 좋아하는 사람들이 생겼다. 평생을 바친 일이 더 많은 사람에게 인정받고 있음을 느끼기 때문이다.

모든 구두는 회사나 장인이 정한 기본 틀에 따라 만들어지는데, 맞춤 구두는 그 틀을 개인의 발에 맞춰 수정하거나 다시 제작하는 데서 출발하기 때문에 설계 단계에서 가장 많은 공력을 쏟아야 한다. 어느 정도의 무지외반증이나 발등이 유독 높은 발, 평발 등은 크게 어려울 것이 없다. 하지만 독특한 기형이나 통증을 갖고 있는 발, 조금만 잘못 디뎌도 크게 아픈 족저근막염 등이 있는 발이라면 이야기가 달라진다. 게다가 발의 본을 떠서 그 모양과 크기 그대로 틀을 만들면 끝나는 게 아니다. 그 발을 잘 잡아주면서도 편하게 담기고, 또 움직일 수 있는 공간의 모양까지 예상해 계산하고 조형하는 것이다. 그런 만큼 구두 장인의 실력이 총동원되는 순간이며, 여기서 맞춤 제작이 가능한 사람과 그렇지 않은 사람이 갈린다.

여전히 새로운 수수께끼가 나타날 때마다 끙끙대면서도 안승문은 그때마다 누군가의 몸과 일상을 더 깊이 이해하고, 구두라는 물건을 다시 알아간다. 그렇게 오래 해온 일이지만 아직도 배울 게 많다고 느낀다. 자기 전에도 머릿속으로 그림을 그려가며 만든 구두에 고객의 발이 미끄러지듯 들어가고, 이리저리 걸어보는 고객의 얼굴에 미소가 나타나면 고단한 일의 보상을 단번에 받는다.

50년 경력의 장인뿐만이 아니다. 청각장애인 직원들도 시간이 지날수록 숙련된 손길로 'AGIO'라고 새겨진 신발을 정성스레 만들며, 조금씩 자신이 장인의 영역으로 나아가고 있다는 기분을 느낀다. 더 저렴한 것, 더 효율적인 것보다 손끝에서 나오

는 아름다운 정성의 가치를 알아주는 사람이 점점 많아지는 것
같다. 아지오 공장은 오늘도 그 가치를 증명하느라 소리 없이
분주하다.

AGIO

Chapter 7

안 보이는 CEO와 안 들리는 직원들

장애인에서 장인으로

"안녕하세요. 좋은 아침입니다!"

오전 8시 50분, 직원들이 출근하는 시간이다. 누군가는 소리 내서 인사를 하고, 누군가는 조용히 목례나 눈인사를 한다. 유석영은 볼 순 없지만 그들의 발걸음에 귀 기울이며 직원들이 어떤 표정으로 출근하는지를 유추하곤 한다. 원래 아지오의 근무 시간은 여느 회사처럼 아침 9시부터 오후 6시까지였는데, 10분 차이로 회사 근처의 도로 사정이 천지 차이로 달라진다는 이야기를 듣고 8시 50분에서 5시 50분까지로 조정했다.

유석영은 출근하는 게 즐겁다. 정확히는, 본인이 즐겁다기보다는 직원들이 출근하는 모습을 보는(듣는) 게 즐겁다. 실패한

아지오 입구에 들어서서 마주하는 벽면,

그리고 거기서 왼쪽의 공장으로 들어가면 보이는 10층 공장의 전경.

아지오의 남성화는 이곳에서 만들어진다.

경험이 문득문득 떠올라 밤새 고민하며 뒤척이다 아침을 맞이하는 날도 있다. 그래도 즐겁게 문을 열고 들어오는 직원들의 기색, 신나게 자리로 향하는 직원들의 걸음 소리와 웃음소리, 일터를 아끼는 모습들을 보면 어느새 웃음이 난다. 이 맛에 산다는 말이 절로 나온다.

동종업자들 중에는 유석영더러 구두 공장을 대체 왜 지상층에 두느냐고, 보다 임대료가 싼 반지하로 옮기라고 권하는 사람도 있다. 실제로 옛날부터 수공업체나 하청업체들은 반지하에 있는 경우가 많았다. 또 어떤 이는 '근로계약서까지 써가며 공장 하면 망한다'며 켤레당 단가로 임금을 쳐줘야 한다고 침 튀기며 훈수를 두기도 한다. 하지만 그런 말을 들을 때마다 유석영은 답한다.

"망해도 내가 망할 테니 그런 얘기 말고 잘되라고 해주세요."

모든 기업은 돈을 벌어야 한다. 그러나 수익만이 기업의 존재 목적이라면 아지오는 존재할 이유가 없었을 것이다. 돈을 벌고자 하는 것과 무엇보다 돈을 우선시하는 것 사이에는 건너지 못할 강이 있다. 아무리 좋은 철학이라 해도 흔들리기 시작하면 무너지는 것은 순식간이다. 장애인을 직업적으로 자립하게 돕는다는 철학은 무너져서도 흔들려서도 곤란하다. 껍데기만 남은 아지오에 무슨 의미가 있을 것인가. 많은 사람들이 보내는 애정과 성원을 배신하는 일이기도 하다. 그렇기 때문에 직원들이 환기가 잘되는 안전한 공장에서 일하고 정당한 대가를 받아야 한다는 원칙에는 흔들림이 없다.

아지오는 '경과형 일자리'라 하여 구두 기술자가 경험 없는 직원들을 훈련해가며 일을 하는 구조의 직장이다. 직원 교육과 생산을 같이 하는 것은 쉽지 않지만, 유석영은 처음부터 고용주가 노동력을 사는 데서 끝나는 단순한 일자리가 아니라, 기업과 직원이 함께 성장해가는 풍경을 그렸다. 청각장애인의 일자리 창출을 위해 만들어졌기 때문에 애초부터 구두 일을 해온 이들만 채용하지도 않는다. 여기에서 일하는 사람들을 구두 장인으로 키워서 사회에 공헌할 수 있는 직업인으로 거듭나게 하는 것이 아지오의 궁극적인 목표다.

2018년 5월 CJ오쇼핑에서 아지오를 홈쇼핑으로 선보일 적에, 온라인과 홈쇼핑에서 가장 반품률이 높은 품목이 신발이라는 이야기를 들었다. 거의 40퍼센트 수준에 달한다고 했다. 그만큼 원거리에서 소비자를 만족시키기 어렵고, 신어보지 않고는 사기 어려운 것이 신발이라는 말이다.

이 까다로움을 뚫고 선택받는 구두를 만들기란 아지오의 많은 직원이 '장인'이 되지 않고서는 불가능하다. 직원 중 대다수를 차지하는 청각장애인이 단순한 '직원'을 넘어서야 한다는 이야기다. 장애인을 장인으로 만든다니, 허황된 꿈이라고 비웃는 사람들이 많다는 것을, 여전히 가야 할 길이 한참 멀었다는 것을 물론 모두가 잘 알고 있다.

그러나 동시에 커다란 믿음도 자라나고 있음을 모두가 느낀다. 언젠가는 스스로를 떳떳하게 '구두 장인'으로 부를 수 있게 되기를, 나아가 후배들에게 기술을 전수하는 입장이 되기를 희망하는 직원들이 바로 옆에서 일하고 있기 때문이다.

나의 몸이 허락할 때까지

아침에 출근할 곳이 있어 행복한 것은 사원인 이정숙도 마찬가지다. 아지오에는 같은 청각장애인이면서 직장인 치고 자기처럼 나이가 적지 않은 동료들이 많이 있다. 아지오가 직원을 채용할 때 나이에 제한을 두지 않기 때문이다. 올해 63세인 이정숙도 여러 생산직을 전전해오다가 나이가 들면서 취업하기가 점차 힘들어졌는데 다행히도 3년 전 아지오에 들어오게 되었다.

직전에는 식품회사에서 일했다. 비장애인이 대부분인 환경

베테랑 사원인 이정숙.

아지오에서는 지인들에게 신발을 소개하여 많이 판 직원에게 매년 상품을 주는데,

이정숙은 2020년에 무려 60켤레를 팔며 1등상을 탔다.

에서 청각장애인인 그는 늘 소통이 힘들었다. 청각장애인은 외적으로 비장애인과 차이가 없기 때문에 비장애인들은 그들의 어려움에 깊이 공감하지 못하는 일이 많고, 심지어 그들과 말로 소통할 수 없다는 걸 곧잘 잊어버리기도 한다. 지시를 못 들어서 지시를 따르지 못한 것인데, 무조건적인 비난을 당하기 일쑤다. 들리지 않으니 상대의 표정이나 몸짓으로 판단하게 되어 오해가 생기기도 쉽다. 심지어 어떤 직장에서는 수어를 쓰지 못하게 하고 억지로 말을 시킨 적도 있다. 매일 하루 종일 자기만 빼놓고 소통하는 걸 보다 보면 어느새 말이 안 통하는 나라에 홀로 떨어진 기분이 된다.

아지오는 이정숙에게 그러한 외로움을 안기지 않는 첫 직장이다. 청각장애인 동료가 많을 뿐만 아니라, 청각장애인의 문화가 생산과 직장생활의 주류를 이루고 있기 때문이다. 비장애인이 절대 다수인 일반 직장과 달리, 아지오에서는 청각장애인이 '덤'이 아닌 '주인공'이다.

물론 아지오에서의 생활도 처음부터 쉽지는 않았다. 구두 만드는 공정을 배우는 것이 어렵기도 하거니와, 생각보다 몸도 힘들었고 기계를 다루는 일도 위험하기 때문이었다. 가죽을 만지다가 손을 다치는 일도 있었다. 그래도 언제든 비장애인 직원과 소통할 수 있게끔 해주는 수어통역사가 상근 중인 데다, 청각장애인 동료들에게 둘러싸여 있다 보니 힘든 시간을 견딜 수 있었다. 이제는 경력도 3년쯤 되니, 일이 손에 익어 구두를 만드는 것이 즐겁고 뿌듯하다.

요즘 이정숙은 발을 보호해주기 위해 구두 앞코와 뒤축에 월형과 선심을 넣는 공정을 맡고 있다. 마찬가지로 청각장애인 직원인 정해숙과 2인 1조로 일을 하는데, 이 공정은 전체 구두 생산 과정에서는 초기 단계라 할 수 있다. 그래서 맡은 일이 끝나면 쉬는 대신, 베테랑답게 다음 공정을 맡은 동료들을 도와주기도 한다.

그의 말에 의하면, 아지오는 청각장애인들 사이에서 '꿈의 직장'이라고 소문이 났다고 한다. 함께 일하는 정해숙도 실은, 전부터 알고 지내왔던 언니 이정숙의 권유로 아지오에 입사한 것이었다. 정해숙은 미싱 일을 했었는데, 아지오에서는 직원들이 대부분 청각장애인이라서 소통도 잘되고 즐겁게 일할 수 있다는 이정숙의 말에 이곳에 지원했다.

미싱 일을 할 때도 비장애인과 청각장애인 간의 차별이 심했다. 어찌 된 영문인지 일도 청각장애인들에게 더 많이 떨어졌다. 그러지 않아도 청각장애인에 대한 편견에 더불어, 나이가 들면서 일자리를 구하는 것이 어려워진 참이라 언니의 제안이 그리 반가울 수 없었다. 미싱 일과 구두 짓는 일이 다를 테니 아주 간단하진 않겠지만 정해숙은 손으로 하는 일이라면 자신 있었다. 예상대로 처음 배운 구두 일을 몇 달 만에 그럭저럭 손에 익혔다. 친한 동생이 빨리 적응하는 것을 보며 이정숙은 여기저기서 일을 해오면서 가져본 적 없는 보람과 욕심을 느꼈다.

다른 직장이었으면 이미 밀려나거나 은퇴했어야 할 나이. 하지만 이정숙은 아지오에서 비전을 발견했다. 몸이 허락하는 한은 계속 구두 만드는 기술을 발전시키고 싶다는 욕심이 생겼다. 더 나아가 후배들을 더욱 끌어와 기술을 가르쳐주고 함께 일하고 싶다는 바람도 가지고 있다. 남의 기술을 배우는 즐거움과 스스로의 기술이 발전하는 것을 지켜보는 보람, 후배들을 양성하고 싶다는 욕심은 이정숙이 다른 일을 하면서는 겪어보지 못한 감정이다. 그런 감정은 직원이 아닌 장인의 영역이다. 아직 스스로를 '장인'이라 부를 수는 없지만 이정숙은 언젠가는 그리되리라 굳게 믿고 있다.

장인이 한 명 탄생하면 그 사람의 안녕과 행복으로 끝나는 것이 아니다. 그 사람의 발걸음이 다져놓은 길 위로 다른 많은 사람이 걸어갈 수 있게 된다. 아지오가 이루고 지켜야 한다고 늘 말하는 '청각장애인들의 꿈'이란 바로 거기까지를 목표로 하는 것이다.

거짓말 없는 조직의 탄생

'안 보이는 CEO와 안 들리는 직원들.'

바깥에서 아지오를 설명하는 말이다. 불편하게 들릴 수도 있지만 정확한 표현이기도 하다. 시각장애인 대표와 청각장애인 직원들이 어떻게 소통을 하느냐고 걱정 어린 질문을 하는 사람이 적지 않다. 유석영이 말을 하면 청각장애인 직원들은 들을 수가 없고, 직원들이 수어를 하면 유석영이 볼 수가 없다. 유석영이 수어를 배운들 자신의 말을 일방적으로 전할 수는 있어도 상대방의 대답을 볼 수는 없는 것이다.

그러니 왜 불편하지 않겠는가. 둘 사이를 이어주는 메신저, 즉 수어통역사가 없으면 말 한마디 나눌 수 없는 것이 시각장애인과 청각장애인의 관계다. 통역사는 유석영과 직원들 사이에만 필요한 것이 아니다. 아지오에는 사무 업무 등을 처리하는 비장애인 직원도 여섯 명 있고, 청각장애인 직원들에게는 이들과의 소통이 반드시 필요하다. 따라서 새로이 아지오를 열면서는 수어통역사의 도움을 받는 근로지원인 서비스를 신청했고, 그 결과 파견된 통역사 두 명이 아지오에 상시 근무하고 있다. 이것은 청각장애인 직원들이 아지오를 일하기 좋은 직장으로 꼽는 큰 이유다.

그중 한 명인 유동술은 유명 제화업체에서 구두 만드는 일을 40여 년 해온 베테랑이지만, 아지오에서는 구두 기술자가 아니라 수어통역사로 일하고 있다. 수어를 배우고 봉사활동을 해오다가 "당신한테 딱 맞는 일이 있다"는 지인의 추천을 받은 것이 계기였다. 평생 구두 만드는 일을 하다가 은퇴할 나이가 되어 구두 회사의 수어통역사라는 독특한 직업으로 제2의 인생을 시작한 것이다.

'이 나이에도 새로운 도전을 할 곳이 생기는구나.'

유동술은 처음으로 수어를 했던 순간을 기억한다. 버스 터미널에서 판매원과 말이 통하지 않아 난감해하고 있는 청각장애인을 보고 성당에서 조금 배워두었던 수어를 했는데 청각장애인이 뜻을 알아듣고 무사히 표를 샀던 것이다. 그때의 희열을 잊을 수 없다. 다른 두 언어를 쓰는 사람을 이어주고 곤란한 처지의 청각장애인에게 도움을 준 그 순간, 유동술에게 새로운 세상이 열렸다. 그녀는 망설임 없이 그 세상으로 성큼 걸어 들어갔다.

처음에는 봉사로만 해오던 일을 전문적으로 할 수 있을지 두려웠다. 임시로 하는 일이 아니라는 마음으로 더 열심히 수어를 공부해야 했다. 특히나 어려웠던 건 자신을 둘러싼 양쪽의 의견이 부딪치거나 갈등이 생기는 순간이었다. 파주 공장 시절과 달리 아무리 상근하는 수어통역사가 있다고 해도, 사업 또는 장인의 문화가 청각장애인만의 문화와 완벽하게 들어맞기란 쉽지 않았던 것이다. 유동술은 중간에서 난감할 수밖에 없었다. 그럴 때마다 서로의 말만 전달하는 게 아니라 표현을 순화하기도 하면서 직원 간의 중재자 역할도 자연스럽게 익히게 되었다. 무엇보다 당장 직접 만들어도 될 만큼 구두를 너무도 잘 알기 때문에, 아지오에서 통역을 하는 데 많은 도움이 되었다.

중원 장애인자립생활센터 소속으로 아지오에는 파견을 나온 셈이지만 직원들은 유동술을 한 가족처럼 여긴다. 유석영 역시 그를 '파견 직원'이라 생각지 않고, 실제로도 내부 직원처럼 생일도 챙기고 구두 할인 등의 직원 혜택도 똑같이 받을 수 있도록 대우하고 있다. 왜일까? 그 이유는 안 보이는 CEO와 안 들리는 직원들이 함께 일하는 직장, 아지오의 특수성에 있다.

아지오에서는 매일 아침 조회를 한다. 자리에 앉으면 길어지니 선 채로 간단히, 그러나 진지하게 진행하는 회의다. 어제는 얼마를 벌었고, 얼마를 썼고, 얼마치를 만들었고 하는 내용을 투명하게 공유한다. 휴가 일정도 이야기하고 질문과 답도 오간다. 매출이 떨어지면 떨어지는 대로 직원들에게 낱낱이 공유되기 때문에 직원들도 회사의 경영을 함께 걱정하게 된다. 혹시

급여를 제대로 못 받고 있는 것 아닌가 하는 의문도 해소된다. 이것은 회사의 경영 상태를 모두에게 투명하게 공개하자는 유석영의 철학에서 비롯되었다.

'직원들을 그냥 일만 하고 가는 사람으로 만들지 말자. 아지오는 모두의 회사니까.'

비장애인과 청각장애인 직원들 사이에는 오해가 없다고 단언할 수 있다. 중간의 통역사 없이는 말이 직접적으로 오갈 수 없기에 불편하고 더딘 부분은 있을지 모르나, 그럼에도 오해와 불신은 생기지 않는다. 그것이 구조적으로 미연에 방지되기 때문이다.

유석영은 직원들한테 말을 전할 때 중요한 일은 칠판에 적어 직원들이 분명히 볼 수 있게 한다. 더 중요한 일은 대화 내용을 문서로 남기기도 한다. 혹시라도 서로의 말을 왜곡하거나 오해하는 일이 없도록 하기 위해서다.

이때 기록보다 더 강력한 것은 항상 그들 사이에 자리하는 수어통역사의 존재다. 유동술을 비롯한 수어통역사는 아지오에서 자연스럽게 '증인'의 역할을 수행하게 된다. 같은 일을 겪어도 저마다 다르게 기억하는 게 사람이다. 그리고 대부분 자기에게 유리한 쪽으로 기억하기 마련이다. 구두口頭로 약속한 뒤에 일이 잘못되면 "당신이 그때 그렇게 말하지 않았냐", "나는

그렇게 말한 적 없다"며 출구 없는 언쟁을 벌이는 일이 흔하지 않은가.

아지오에서는 이런 싸움이 일어날 수 없다. 늘 그 자리에 있었던 수어통역사가 판정을 해줄 것이고, 혹여 통역사가 기억하지 못하더라도 문서가 남아 있기 때문이다.

그래서 아지오에서의 대화는 군더더기 없이 명료하고 정확하다. 말을 이리저리 꼬아서 상대방을 현혹시키려고 해도 수어로 똑같이 통역하는 것은 불가능하기에, 통역사는 말의 핵심을 정확히 전달할 뿐이다. 서로가 괜한 말장난으로 서로를 속이려 들지 않을 것이고, 그럴 수도 없다는 신뢰가 있기 때문에 유석영과 직원들은 서로에게 솔직할 수밖에 없다.

수어통역사로 인해 아지오는 거짓말 없는 조직이 된다. 파주에 있을 적에는 통역사가 없는 시간이 많아서 청각장애인 직원들은 유석영이나 비장애인 직원의 입 모양이나 표정을 보고 알아듣고 몸짓으로 소통해야 했다. 당시 사무실에 붙어 있던 "말이 안 통하면 눈치로 통하자"는 말처럼 많은 것을 눈치에 의존했던 것이다. 하지만 이는 미봉책에 불과할 뿐, 소통의 오류가 일어날 수밖에 없었다. 알아들었겠거니 생각했는데 사실은 그러지 못한 일도 왕왕 있었다. 통역사가 가운데서 이야기를 듣고 전달하는 지금은 청각장애인 직원들과 유석영, 안승문을 비롯한 비장애인 직원 사이에 좀처럼 오해가 생기지 않는다. 참 신기한 것이, 오히려 더 정확하고 객관적으로 의견을 주고받게 된다. 눈치 볼 줄 알아야 했던 조직에서, 눈치가 필요 없는 조직으로 진화한 것이다. 공장이 조금 커지면 내부 직원으로 수어통역사를 배치하려는 것도 그 때문이다.

"아지오에서는 실적보다 소통이 먼저입니다."

유석영이 직원들에게 늘 강조하는 말이다. 소통 시스템을 어떻게 갖추느냐에 따라 소통이 기업의 가장 큰 장애가 될 수도, 가장 큰 무기가 될 수도 있다는 것을 유석영은 이제껏 아지오를 운영해오면서 배웠다. 유기적으로 공정이 연결되어 있는 구두 일의 특성상, 소통이 잘되어야 제품도 잘 나온다. 소통은 좋은 팀워크를 만들고, 팀워크는 좋은 결과를 만든다.

매일 하는 조회는 소통 시스템의 기본 축을 이루고 있다. 잡담을 많이 나눈다고 소통이 잘되는 것이 아니라 회사의 운영 상황을 모두에게 가감 없이 공유하는 것이 소통의 시작이다. 그로 인해 직원들은 회사가 자신들을 동등한 상대로 생각한다는 느낌을 받고 비로소 회사의 주인이 된다. 조회가 끝날 때쯤에는 청각장애인 직원들이 하루 한 문장씩 수어를 가르쳐주는 시간을 가진다.

그리하여 시각장애인 CEO, 비장애인 공장장과 사무직원들,

수어통역사, 청각장애인 사원들이 섞여, 아무 문제 없이 구두를 척척 만들어낸다. 안 보이는 CEO와 안 들리는 직원들은 그렇게 아주 절묘하게 조화를 이루고 있다. 마치 층층이 엮인 구두 끈과 같이. 좁은 길 위를 걸어갈 때면 떨어지지 않으려고 더 노력하는 것처럼, 이 관계는 겉으로는 위태로워 보일지 몰라도 훨씬 더 정교하게 작동하고 있다.

AGIO —————————————

Chapter 8

대통령의 구두에서 우리 모두의 구두로

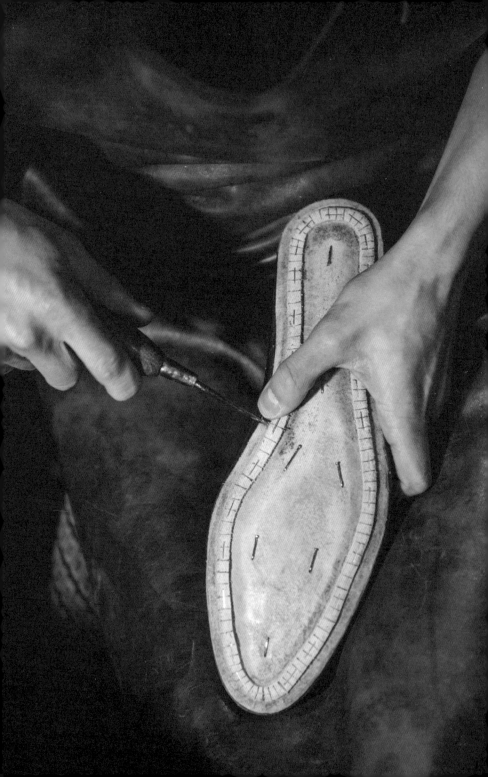

구두 장인이 절대 포기할 수 없는 것

───────

아지오의 구두는 주문이 들어오면 제작하는 수제화다. 이곳의 특별함은 고객의 발을 직접 재고 어루만져서 맞춤 구두를 공급한다는 데 있다. 그러니 디자인은 같아도 각양각색의 형태와 크기의 구두가 존재한다.

아지오의 맞춤화가 더욱 특별한 것은 누가 뭐래도 정직하게 구두를 만들기 때문이다. 요즘은 맞춤 구두라 해도 공정별로 분화해 외주를 주는 일이 많지만, 아지오는 철저하게 처음부터 망치질을 하고 손으로 다듬어서 구두를 만들고 있다. 최상급의 가죽을 사용하고, 대면해서 실측하며, 가끔은 완성된 신발을 가지고 직접 소비자를 찾기도 한다. 너무 전통적인 방식이라 시대에 맞지 않는다고 생각할지 모른다. 이것은 50년 차 장인 안승문의 고집이기도 하다.

성남으로 옮겨 새롭게 문을 연 후 안승문이 한 번 일을 그만둔 적이 있다. 직원들을 교육시키고 구두를 생산하고 실측 관리까지 해야 하니 어느새 과부하가 걸렸고 몸도 예전 같지 않았다. 도저히 안 되겠다 싶어 이곳에 뼈를 묻겠다던 약속을 뒤로하고 아지오를 그만두었다.

다른 기술자를 뽑아 생산을 계속했지만, 기성화는 잘 만들지 몰라도 맞춤화를 잘하는 사람이 많지 않았다. 고객의 복잡한 요구사항을 맞추는 것이 여간 어려운 게 아니었다. 양화점에 있을 적부터 맞춤화로 일을 시작한 안승문은 발의 형태를 아주 미묘하게 파악해 머릿속으로 그림을 그린다. 실측 자료에 쓰인 특이사항까지 꼼꼼히 읽고, 마음에 걸리는 부분이 있으면 고객한테 직접 전화해서 확인한다. 발바닥 모양은 실측할 때 그려 오지만 발등의 높이 같은 건 설계도를 그릴 수가 없기 때문에, 안승문은 머릿속에서 입체적인 형태를 그린 뒤 치수를 계산한다. 그리고 그의 손을 거쳐 그 형태가 실제 구두로 옮겨진다. 보통 사람으로서는 말로 표현하기도 힘든, 수치화되지 않는 안승문만의 영역이다. 평생을 바친 일, 안승문에게는 구두에 대해서라면 한국의 어느 누구에게도 지지 않을 자신이 있다.

실측을 하러 다니던 정은경은 안승문의 빈자리를 특히 크게 느꼈다. 현장에서 고객을 직접 마주하는 사람으로서 맞춤화가 무너지고 있는 것이 눈에 보였다. 결국 유석영에게 안승문 공장 장을 다시 데려와야 한다고 말했다. 자신이 직접 만나보겠다고. 자라나는 위기를 느끼고 있던 유석영으로선 만류할 이유가 없었다. 정은경은 안승문을 찾아가 말했다.

"아무것도 묻지 말고 다시 와주세요."

그러자 그는 정말 아무것도 묻지 않고 다시 왔다. 성남에서 아지오를 새로 시작할 때도 많은 고민을 뒤로하고 돌아온 것은 '이곳은 내가 없으면 안 된다'는 사명 때문이었다. 보통의 기업 이야 한 사람 없어도 잘 돌아가고 그것이 기업이라면 응당 지 녀야 할 탄탄함이겠지만, 아직은 아지오 기술의 중심에 자신이 있다는 것을 그는 누구보다 잘 알고 있었다.

파주에서도, 성남에 와서도 변하지 않은 건 구두를 만드는 사람으로서의 자존심이다. 반세기가 넘는 역사의 국내 유명 제 화업체들 사이에서 아지오는 이제 겨우 띄엄띄엄 7년. 아장아 장 걸음마하는 수준이다. 매장도 없고 광고비도 없다. 가진 건 오직 기술과 진정성뿐.

아지오가 여러 차례 이슈가 되면서 규모가 커지고 보는 눈도 많아지니 안승문의 부담도 커졌다. 더 좋은 품질로 부응하지 않

수제화를 만드는 데는 한국의 누구에게도

뒤지지 않을 자신이 있다는 50년 경력의 장인 안승문.

그의 단단하고 거친 손은 오늘도 도전하느라 바삐 움직이고 있다.

으면 안 된다. 켤레당 돈을 받으며 기성화를 만들었다면 몸도 마음도 얼마나 편했을까. 반면 아지오에서는 맞춤화를 하기 때문에 매일이 도전의 연속이다. 10년 전 수녀화를 만들 때부터 그랬다. 아지오에서 일하는 세월 동안 도전이 아니었던 날은 하루도 없었다.

더군다나 새로이 실측 시스템을 도입하면서 더 세심해져야 했다. 조금만 발이 불편해도 금세 전화가 온다. 그중에는 정말로 편안하지 못한 신발을 받은 고객도 있지만, 잘 맞지 않는 신발을 낙낙하게 신는 데 익숙해진 고객들이 맞춤화가 발을 탄탄히 감싸는 느낌을 어색해하는 일도 많이 있다. 사무실 직원이 작업장으로 들어와 "공장장님" 하고 부르면, 또 무슨 항의라도 들어왔을까 겁부터 난다. 처음에는 우여곡절도 많았다. 고객은 자꾸 발이 아프다는데, 아무리 생각해도 이유를 찾기 어려운 경우도 있었다.

'혹여 내가 어딘가 매끄럽지 못하게 만든 건 아닐까.'

'발볼을 좀 더 손봐야 했을까, 아니면 사이즈에 오류가 있는 걸까?'

이래저래 모양을 바꾸어보아도 발이 아픈 원인을 찾을 수 없었다. 마침내 직접 고객을 찾아가 맨발을 꼼꼼히 만져본 뒤에야 고객 스스로도 몰랐던 물혹을 발견했고, 이를 건드리지 않도록 모양을 바꾸어 구두를 제작해주었다. 이런 시행착오들을 겪으면서 아지오의 실측 시스템도 점점 정교해졌다.

한번은 제주도에서 주문이 들어와 출장을 갔는데 6·25 전쟁을 겪은 고객이 안승문을 맞았다. 전쟁 당시 한 발을 잃었고 남은 한 발의 발등에는 뼈가 튀어나와 있었다. 안승문도 생전 처음 보는 발의 형태였다. 하지만 그 앞에서 당황하거나 걱정하는 것은 그가 할 일이 아니었다.

"최선을 다해 만들어보겠습니다."

한 켤레도 아닌 단 한 짝의 신발을 얼마나 고심하고 고생해서 만들었는지 모른다. 이 고객에게 세계 최고의 편안함을 선사할 수 있는 신발이 있다면, 그것은 자신과 직원들이 함께 지을 아지오 구두뿐이라는 일념이었다. 다행히 완성된 신발은 고객의 발을 부드럽고 편안하게 감싸는 데 성공했다.

"고맙습니다. 정말 너무 고맙습니다. 잘 신겠습니다."

연신 고맙다고 인사하는 고객을 보니 기분이 날아갈 듯 뿌듯했다. 50년 구두 일을 하면서 뿌듯해서 눈물이 맺힐 정도의 감격은 처음이었다.

'신발을 잘 만들어서 고객을 만족시켜야 한다.'

처음 아지오에 들어왔을 때도, 그리고 10년이 지난 지금도 안승문의 머릿속에는 그뿐이다. 오직 그 생각이 힘든 작업 공정을 견디게 한다. 몸에서 가장 낮은 곳을 감싸고 있지만 가장 중요한 것이 신발 아니던가. 유석영의 말마따나, 열심히 산 사람 치고 발이 무사한 사람이 없다. 열심히 항해해온 인생을 위한 구두, 이를 세계 최고로 잘 만들고 싶은 마음은 안승문을 비롯한 아지오 생산부 모두가 같다. 그것이 아지오를 자라게 할 것이고 청각장애인들의 일자리를 늘려줄 것이다. 그런 희망으로 안승문은 오늘도 묵묵히 기계 앞으로 가서 또다시 망치와 가죽을 손에 든다.

안승문이 구두 생산에서 정직을 지킨다면 유석영은 경영이라는 영역에서 정직을 책임진다. '아지오는 정직하게 구두를 만들어 판다', 이것은 유석영이 언제나 자신 있게 말해온 아지오의 가장 큰 장점이다.

어떤 이들은 기업에 '정직'이란 반드시 완수해야 하는 절대적인 가치가 아니라고 할지도 모른다. 정직의 원칙은 철저하게 지키지만 매출이 바닥을 찍고 결국 직원들에게 월급도 주기 힘들어하는 데 이른다면, 그것을 '기업'이라고 할 수 있을까? 파주 시절의 아지오는 직원들에게 월급을 주지 못한 적은 없으나, 그럼에도 기업으로서 당당할 만큼의 매출을 거두지는 못했다. 그렇다면 당시의 아지오는 기업이었을까? 지금의 아지오는 기업일까? 유석영은 둘 다 그렇다고 믿는다. 그리고 그렇게 믿고 싶다.

2015년 높은 명성을 가진 독일의 자동차 회사 폭스바겐이 배기가스 배출량을 조작했다는 사실이 밝혀져 파문이 일었다. 조절 소프트웨어를 자동차에 장착하여 배출량을 속였고, 이 사실을 알게 된 전 세계 고객들은 큰 충격을 받았다. 그 즉시 주가가 폭락한 것은 물론, 기업에도 최대의 위기가 닥쳤고 지금까지도 신뢰를 회복하지 못하고 있다.

이 밖에도 겉으로만 정직을 외칠 뿐, 안으로는 이익만을 챙기는 데 급급한 기업이 많이 있다. 하지만 폭스바겐의 사례에서 보듯 기업이 정직하지 못하면 신뢰를 잃고, 신뢰가 무너지면 고객을 잃게 된다. 유석영은 정직이, 매출 확보나 이익 달성, 고용 창출만큼이나 '기업의 조건'이 될 수 있다고 생각한다. 아니, 심지어 기업의 경쟁력도 될 수 있다. 그렇기에 예전과 지금의 아지오를 어엿한 기업이라고 조심스레 믿고 있다.

아지오는 고객들과 조합원들에게 결점까지도 솔직하게 드러낸다. 소비자가 모를 리 없는데 숨겨서 무엇 하겠는가. 구두를 만들고 전달하는 과정에 실수가 있으면 솔직하게 말하고 양해를 구한다. 그리고 반드시 개선을 약속한다.

아지오를 다시 오픈하고 다음 해 9월이 되었을 때, 구두를 사간 고객들에게서 발등이나 발볼이 조여 불편하다는 문의가 여러 건 들어왔다. 조사해보니 8월 1일부터 9월 28일까지 주문 제작한 제품에서 발등과 발볼이 압박되거나 착화감이 좋지 않다는 컴플레인이 많이 제기되었다. 그 시기의 제작 공정에 문제가 있었던 게 틀림없다고 판단했다. 결국 해당 기간에 구두를 주문한 고객들을 대상으로 구두를 리콜해준다는 공지를 띄웠다. 진심 어린 사죄와 함께. 적지 않은 리콜 신청이 들어왔고 아지오는 다시 구두를 제작했다.

고객들은 이 결정을 두고, 품질에 대한 비난 대신 박수를 보내며 오히려 지지해주었다. 아지오 구두는 사람이 만든다는 것을, 그들 역시 이해하기 때문 아니었을까. 때로는 실수도 생기지만 아지오라면 끝까지 책임지고 꼭 맞는 구두를 안겨주리라는 것을 믿은 것이 아니었을까. 더 느려도, 가장 트렌디하지 않아도 인간의 손길에 더 매력을 느끼는 사람들이 바로 아지오의 고객이다. 그러므로 '정직하게 구두를 만들어 판다'는 원칙은 고객의 신뢰를 저버리지 않기 위한 아지오의 경쟁력이다.

2018년 6월, 예전의 수녀화 모델을 제외하고 아지오에서 처음으로 여성화가 출시되었다. 처음 남성화를 만들었을 때 고객들에게 가르침을 받은 것처럼, 새로 시도하는 여성화에 대해서도 겸허한 마음으로 가르침을 받고 싶었다. 유석영은 여성화를 출시하고 한 달 뒤에 홈페이지에 짧은 공지를 올렸다.

혹시나 처음 신어보셨을 때, 또는 신고 있는 도중에 발이 조금이라도 불편했다거나 맞지 않았던 부분이 있었다면 주저하지 마시고, 저희 고객센터로 꼭 연락 부탁드립니다. 맞춤 수제화로 소중한 고객님들의 발에 잘 맞는 여성화를 만들고 싶은 아지오의 마음이랍니다.

좋은 소리만 듣는 것이 아닌 불만의 소리에도 귀를 기울이고자 노력하고 있으니, 쓴소리도 아낌없이 해주시길 바랍니다. 그래야 더욱 발전하는 아지오가 되리라 저희 직원 모두가 믿고 있습니다.

실제로 여성화를 신어본 고객들이 다양한 의견을 보내주었고 이 의견들을 모아 다음 제품의 개발에 반영할 수 있었다. 정직하게 소통하고 정직하게 만든 결과, 결점을 개선·보완하고 새로운 장점을 개발했다. 소비자의 신뢰까지 얻은 것은 덤이었다. 아지오는 거짓된 홍보를 믿지 않는다. 아지오는 정직과, 그로 인한 신뢰를 믿는다.

선수 교체를 앞두고

——

2020년 3월 20일, 구두만드는풍경 이사회가 열렸다. 협동조합으로 재탄생한 이후 아지오는 매년 조합원들이 모이는 정기 총회를 진행하고 있고, 분기별로는 이들 조합원 중 일부 이사들을 초청해 이사회 보고를 진행한다. 새로운 사업을 진행하거나 공장장을 임명하거나 그 밖의 운영과 계획에 대한 모든 것을 이사회에서 논의한다.

유석영이 CBS 시절부터 알고 지냈고 지금까지 아지오에 여러모로 도움을 준 변상욱은 재개업을 하면서 협동조합 감사를 맡게 되었다. 아지오의 지난 2년을 되돌아보고 앞으로를 준비하는 이날 이사회에서 그는 유석영에게 지적했다.

"유 대표님이 모든 걸 혼자서 책임지려 하면 안 됩니다."

새로운 아지오는 경영, 영업, 디자인 등 각 분야의 전문가들로 자문단을 만들어서 사업을 추진하길 바란다는 이야기가 뒤를 이었다. 그리고 이어서 꺼낸 더 중요한 말.

"당장은 아니더라도 길게 보았을 때, 아지오에는 전문경영인도 필요하다고 봅니다."

유석영도 몹시 공감하는 바였다. 누군가 해야 할 일인데 아무도 하지 않는다면 내가 하자는 생각으로 뛰어들었고, 오로지

발품과 나름의 기지로 헤쳐왔다. 그렇게 아지오를 경영하며 자신의 한계를 많이 느꼈다. 감성만으로는 회사를 제대로 경영할 수 없다는 것을 누구보다 뼈저리게 느꼈다. 회사는 사람이 하는 일이기에 누가 회사를 경영하느냐는 경영의 성패에서 무척 중요한 문제다. 감성에 의지하지 않고 생산, 판매, 고객관리 등에 혜안이 있는 전문경영인이 필요하다는 것은 언젠가는 반드시 나올 이야기였다.

집을 짓는 사람이 있고 지어진 집에서 사는 사람이 있다. 자신이 지은 집이니 꼭 자기가 살아야겠다는 생각은 하지 않는다. 짓는 데 사명이 있는 사람은 짓는 것이고, 그 집이 좋아서 사는 사람은 따로 있을 수 있다. 사업도 마찬가지다. 일을 벌인 사람은 유석영 자신이니까, 자신이 일으킨 일에 책임을 지고 앞으로를 위한 발판을 만드는 것까지는 책임을 다해야 한다. 또다시 빚을 지게 되더라도, 혹여 망하더라도, 그것은 다시 그의 책임이다.

하지만 어느 정도 아지오가 자리 잡은 뒤에는 전문경영인이 아지오를 끌고 가기를 바란다. 다시 아지오의 문을 연 기쁨에서 끝나는 게 아니라, 그 기쁨을 지속시키고 퍼뜨릴 수 있는 사람이 필요하다. 아지오를 확장하고 대물림할 수 있는 인재가 필요하고, 그것이 최선의 방법이라고 생각한다. 다만 유석영이 바라는 것은 시작할 때의 마음이 흐트러지지 않는 것이다. 얼마나 값진 마음들이 모여 기적처럼 재탄생한 기업인가.

유석영은 자신이 아직 못다 이룬 아지오의 과제를, 응원받던 입장에서 응원하는 입장으로 정리해보았다. 물론 이 자리를 대신하는 사람에게 떠넘기는 것이 아니라 반드시 해내야 하는 과제라는 마음으로.

우선 디자인 인력을 충원해야 한다. 계속해서 신제품을 개발할 수 있는 개발실을 개설할 계획이다. 파주 시절부터 디자이너가 없이 기성화를 따라 하기에 급급했다. 시장과 소비자를 분석할 인력도 없었다. 주문받은 것을 생산하고 살림을 꾸려나가기에 바빠서, 신제품을 개발할 동력을 확보하지 못하고 트렌드를 민감하게 파악하지 못한 게 사실이다. 감사하게도 이런 아지오를 좋아하고 응원해주는 사람들이 많지만, 좋아하는 것과 돈을 주고 제품을 사는 것은 다르다. 둘 간의 접점을 찾아내야 한다.

성남에서 새롭게 아지오를 출범할 때는 약 20종의 구두 디자인을 '무크MOOK'라는 회사로부터 재능 기부 받았다. 이런 고마운 분들에게 의지하지 않고도 지속적으로 아지오의 제품 개발을 이끌 인재가 필요하다.

많은 제품을 만들지 못하는 것은 맞춤화라는 특수성 때문이기도 했다. 기성화라면 새 디자인으로 대량생산을 해서 팔고, 재고가 남으면 세일을 하거나 해서 처리하면 그만이다. 반면 맞춤화는 대량생산을 하는 게 아니라 주문이 들어오면 그때그때 제작을 하기 때문에 자재를 잔뜩 쌓아놓고 제작하는 것이 원천적으로 불가능하다. 예를 들어 여성화라면 굽만 해도 다양한 높이를 찾는 고객이 많은데 그 다양한 높이의 굽을 모두 갖춰놓고 있을 수가 없는 것이다.

아지오의 소비자라 해서 일반 구두의 소비자와 취향이 다르리란 법은 없고 그것을 기대해서도 안 된다. 소비자는 트렌드에 민감하고, 트렌드는 빠르게 변한다. 한 계절 앞서 트렌드에 맞는 신제품을 내놓는 시스템을 갖추기 위해서는 해당 부서와 인력이 필요하다.

그리고 기술 전수가 빨리 이뤄져야 한다. 생산을 총괄해온 안승문 공장장도 예순이 넘었다. 은퇴하기 전에 자신의 기술을 청각장애인들에게 전수할 수 있도록 서둘러야 한다. 하루라도 빨리 이들이 홀로 서도록 도와주고 싶다. 갈 길은 먼데 나이가 나이인 만큼 마음이 급하다.

안승문이 직원들에게 항상 하는 말이 있다. "아지오는 여러분의 회사"라고. 어느 개인의 회사가 아니라 모두의 회사인 만큼, 청각장애인들이 기술자로 우뚝 설 수 있도록 도와야 한다. 어렴풋한 목표이지만, 청각장애인들이 구두 장인으로 거듭나 경제적으로 자립할 수 있도록 돕고, 나아가 100년 이상 대대로 청각장애인들이 회사를 이어가는 것이 안승문과 유석영, 그리고 조합원들이 함께 꾸는 꿈이다. 그러기 위해서는 기술의 전수도 필요하지만, 안승문을 이어 함께 기술 전수를 맡아줄 또 다른 기술자들도 더 많이 필요하다.

어느 정도 터널은 지나왔다. 아지오의 목표를 이루기까지 하루 24시간이 걸린다 한다면, 이제 새벽 5시쯤 되었을까. 세 시간쯤 지나면 해가 뜰 거다. 오는 동안 발이 꽁꽁 얼었다. 터널 밖에서 새로운 아침을 열 수 있는 사람이 필요하다. 선수 교체를 할 때가 왔다.

마지막으로 브랜드 가치를 높여야 한다. 아지오는 천연 가죽을 사용하고 대량생산을 하지 않으니 가격을 낮춤으로써 경쟁력을 높이기는 힘들다. 실측을 해서 일일이 만들기 때문에 생산에 시간도 오래 걸리고 손도 많이 간다. 게다가 발에 맞지 않으면 몇 번이고 수선을 해주는 것이 고객과 맺은 약속이다. 비용이 높을 수밖에 없는 구조다.

그러나 20만 원 남짓인 가격이 맞춤 수제화치고 꽤 합리적인 편인데도, 여전히 많은 사람들에게 비싸게 여겨지는 것이 사실이다. 특히 맞춤화가 익숙하지 않은 사람들이 그렇게 느끼는데 품질만을 내세워서는 그들이 맞춤화를 사도록 설득하기가 쉽지 않다. 이를 극복하기 위해서 아지오는 브랜드 가치를 더 높일 필요가 있다.

수원여대 사회복지학과 이계준 교수는 유석영의 오랜 친구다. 그는 아지오를 다시 시작하려 한다는 이야기를 들었을 때 크게 반대한 사람 중 하나였다. '대통령의 구두'에 대한 보도로 상당한 관심이 일었지만 그것이 오래 지속되리라는 것에 대해서는 다소 회의적이었다. 중국산 중저가 구두 위주로 구성되어 있는 시장에서 고가 수제 구두의 수요는 제한적이었다. 그리고 고급 신사화나 숙녀화의 재구매 주기가 매우 길다는 점도 아지오에는 극복할 수 없는 약점으로 보였다.

유석영은 이 교수의 반대를 조언으로 받아들이며 아지오를 다시 열었다. 혼신의 힘을 다해 뛰는 그를 보며 이 교수의 부정적 전망은 점차 흐뭇한 기대로 바뀌었는데, 그럼에도 아지오에 아직 부족하다며 가장 당부하는 것은 '브랜드로서의 정립'이다. 그는 이렇게 말한다.

아지오가 직접 예상 구매자에게 마케팅을 할 수도 있다. 어떤 제삼자가 아지오의 탁월함을 홍보해줄 수도 있다. 사람들이 아지오를 구매하도록 지속적으로 매체를 통해 광고할 수도 있다. 그러나 아지오에 기대하는 것은 마케팅도, 홍보도, 광고도 아니다. 바로 브랜드로서 아지오의 정립이다.

사람들은 제품이 없어서 사는 것이 아니고, 떨어지고 헤져서 사는 것도 아니고, 또 다른 제품보다 더 좋아 보여서 사는 것도 아니다. 그저 '아무 이유 없이 그냥' 사는 것이다. 아지오의 구두도 그렇게 되어야 한다. 아지오 구두를 가지는 것만으로도 뿌듯한 자존감을 가지게 되는 브랜드의 경지에 올라서야 한다.

정직을 통한 신뢰와 품질로 브랜드 이미지를 심으려 노력했으나, 유석영은 아직 아지오가 기대에 미치지 못하였음을 절절히 느낀다. 브랜드 이미지가 그리 쉽고 빨리 구축된다면 왜 많은 기업이 그토록 브랜딩에 정성을 기울이고 투자를 하겠는가. 특히 아지오처럼 자본이 적은 기업일수록, 세월과 함께 멋을 더해가는 가죽처럼 인내를 갖고 꾸준히 노력해야 한다. 그 세월을 견디면서 찢어지거나 구멍 나지 않는 것이 무엇보다 중요하다.

아지오를 마치 살아 있는 친구처럼 여기는 고마운 고객도 많지만, 아직은 아지오를 모르는 사람이 훨씬 더 많다. 영업과 홍보를 위해 열심히 달리기도 해야겠지만 브랜드 구축은 그것만으로는 부족하다. 아지오란 브랜드가 소비자에게 어떻게 인식되고 있는지 언제나 눈과 귀를 기울이고, 사람이 인격을 가지듯 아지오가 아름다운 인격과 개성을 갖춰가도록 만들어야 한다.

우리 모두의 구두

2019년 2월 22일, 문재인 대통령이 아지오몰에서 '드레스 1001 블랙'을 주문했다. 아지오 시즌 2를 시작하며 개설한 인터넷 쇼핑몰에서 대통령이 직접 구두를 주문한 것이다. 그에 앞서 2월 12일에 청와대 연풍문에서 두 시간 동안 아지오 팝업 스토어를 열었을 때는 김정숙 여사가 직접 와서 발을 실측하고, 다음 달 말레이시아 국빈방문 순방에 신고 가게 될 '드레스 7005' 모델을 구매했었다.

유시민의 말대로 대통령의 영업 아닌 영업으로 아지오가 다시 일어설 수 있는 기회와 계기를 마련한 것은 부인할 수 없는 사실이다. 그에 대한 고마움을 전할 기회가 없었는데 재개업한 지 15개월 만에 구두라도 새로 만들어 전할 수 있어서 유석영은 무척 기뻤다. 다른 구두와 마찬가지로 지극한 정성에 감사의 마음까지 기울여 구두를 만들었다. 택배로 보내는 건 도리가 아니다 싶어 유석영은 2월 26일에 구두를 배달하러 직접 청와대에 들렀다. 아무런 기대 없이 비서실에 전달만 하고 나올 생각이었다. 그런데 앞에서 대통령의 목소리가 들리는 게 아닌가. 구두를 직접 받으러 나온 것이다. 몇 년 만의 재회에 유석영은 반갑기도 하고 가슴이 뛰었다.

"신으면 신을수록 좋아서 이 구두만 신었는데 문을 닫았다는 소식에 너무 마음이 아팠습니다. 재창업을 해줘서 고맙습니다. 더 잘되도록 힘써주세요."

도리어 자신한테 연신 고맙다고 격려하니 유석영은 몸둘 바를 몰랐다.

'고마워해야 할 사람은 나인데……'

대통령은 현장에 있던 사람들에게 아지오의 설립 배경과 다시 부활한 사정을 설명했다. 자신이 밑창이 갈라지도록 신었던 구두가 바로 이 아지오라고. 취임 직후에 전하지 못한 구두를 이제라도 전할 수 있어 유석영은 그저 기쁘고 또 고마웠다. 이 구두는 2019년 6월 판문점에도 등장하여 트럼프 대통령과 김정은 북한 국무위원장 옆에서 밝게 빛났다.

사실 유석영을 비롯한 아지오 식구들은 스스로의 입으로 '대통령의 구두'라고 말한 적이 없다. 언론이 붙여준 수식어였을

2019년 2월 26일 청와대에서

대통령에게 구두를 직접 전달하게 되었다.

2012년의 구두데이로부터 6년 반 만의 만남이었다.

뿐이다. 다행히 그 말이 아지오를 살렸으니, 어쨌든 감사한 일이다. 하지만 유석영은 다시 아지오의 문을 열었을 때부터 '대통령의 효과'는 길어야 2~3년 내에 걷힐 것이니 그 안에 자리를 잡아야 한다고 생각했다. 거대하게 부풀어올랐다 해도 이슈는 이슈일 뿐, 시간이 지나면 다시 쪼그라들게 되어 있다. 이슈를 매출로 이어가는 것은 철저히 아지오 식구들의 몫이다.

또한 '대통령의 구두'라는 이슈가 한창이라 할지라도, 그런 감투에만 의존하다 보면 오히려 소비자의 눈높이나 시장의 동향을 읽지 못할 수 있다. 구두는 제품과 기술력으로 승부해야 한다. 이슈를 계기로 구두를 사 신는 것을 넘어 신발이 좋아서, 게다가 아지오의 기업 가치에 공감해서 구두를 선택하는 고객이 많아져야 한다. 유명세보다 진짜 실력을 발휘해야 할 때다.

이제 아지오의 모든 직원은 진심으로 바란다. '대통령의 구두'가 아닌 '우리 모두의 구두'가 되어야 한다고. 아무리 사람들이 여전히 아지오를 '대통령의 구두'라고 부른다 할지라도 아지오 스스로는 '친구보다 더 좋은 구두'를 외치고 있고, 순수하게 구두 자체에 집중해 좋은 구두를 만들고 싶다는 열망을 이뤄가고 있다. 서서히 '대통령의 구두'라는 말을 지워가기를 바라면서.

소리 없이 커가는 시장

어느 날 유석영은 퇴근하려고 버스를 탔다. 카드를 찍고 들어가는데 한 중년 남성이 얼른 자리에서 일어났다.

"여기 앉으세요."

유석영에게 자리를 양보하려고 한 것 같은데 동시에 다른 사람이 유석영을 밀치고 번개처럼 그 자리에 달려가 앉았다. 자리에서 일어났던 남자가 멋쩍게 웃었다. 서서 손잡이를 잡은 채 정류장 몇 개를 말없이 더 갔는데 그 남자가 조용히 물었다.

"구두 만드시는 분 맞지요? 전국을 다니며 발을 재러 다니신다고……"

"네, 맞습니다. 그런데 저를 어떻게 아세요?"

"티브이에서 봤어요. 이번에는 꼭 잘되어야 할 텐데요. 늘 응원하겠습니다."

'응원한다.' 유석영은 이 말을 들을 때마다 자신이 기업인이라기보다 꼭 운동선수라도 된 듯한 기분이 된다. 아지오를 꼭 우승시키고 싶은 야구팀처럼 응원하는 사람들이 있다. 이렇게 일방적인 사랑을 받는 기업이 또 있을까. 2013년 아지오의 문을 닫고 한참 뒤에야, 아지오 구두를 오랫동안 아껴 신고 어디선가 아지오를 지켜보고 응원하는 사람들이 있었다는 사실을 깨달았다. 그들은 아지오 구두를 신을 때마다 왠지 좋은 일을 한 듯한 뿌듯함을 느끼고, 자신이 지불한 돈으로 장애인이 당당한 사회인의 위치를 지킨다는 데 기뻐하곤 했다. 소비자들이 소비 그 이상의 효용을 기대하는 사람들로 바뀌어갔던 것이다.

2018년 8월, 새롭게 아지오를 시작한 지 6개월 만에 3천여 명의 아지오 소비자 벨트가 형성되었다. 2020년에는 발을 직접 실측하여 아지오를 구매한 고객 수가 1만 명을 훌쩍 넘기며 재창업 당시에 수립한 1차 목표를 달성했다. 매장이 있으면 고객 확보에 가속도가 붙을 텐데, 하는 아쉬움도 있지만 아지오 마니아가 늘어나고 있음은 확실하다. 앞으로는 한 번 신어본 1만 명의 사람들이 만족해서 재구매를 하고, 그들의 입소문으로 또 다른 고객들이 찾아오리라. 유석영은 느리지만 확실히 이행하고 있는 소비의 발걸음을 10여 년간 목격해왔다.

서로를 살피고 배려하는 문화가 커가고 있음을 느낀다. 보이지 않는 선한 힘을 발휘하고 좋은 세상을 위해 함께 꿈꾸고 동참하는 사람들의 연대를 보았다. 무조건 싼 제품이라고 기뻐하는 것이 아니라 이왕이면 같은 돈을 써도, 심지어 더 비싸더라도 더 가치 있게 쓰고 싶어 하는, 윤리적 소비 혹은 착한 소비를 추구하는 사람이 늘어나고 있다.

소비에는 태도가 포함되어 있다. 물건을 하나 살 때마다 그들은 의견을 나타내고 있는 셈이다. 아동 노동력 착취로 만든 옷을 사 입으면 아동 노동력 착취에 찬성 의견을 던지는 것이고, 자연을 파괴하는 기업의 물건을 사면 자연 파괴를 지지하는 것과 다르지 않다. 반대로 공정무역 커피를 마시면 노동력 착취에 반대 의견을 던지는 것이고 유기농 생산물을 사는 것은 환경의 지속 가능성을 지향하는 것이다. 소비자가 가진 구매력을 현명하게 사용하면 세상을 조금이라도 더 나은 곳으로 만드는 데 일조하게 된다. 소비의 개념이 재정립되고 있는 지금 이 시대에는 가성비 좋은 소비만이 기쁨을 가져다주지 않는다. 착한 기업에 소비하는 것이 더 큰 만족감을 줄 수도 있다.

거리에 상관없이 3만 원을 받고 찾아가 직접 고객의 발을 재고, 기계를 마다한 채 장애인의 손으로 구두를 만들고…… 아지오가 생산하고 영업하는 방식이 시대에 뒤떨어진다고 보는 사람도 있을 것이다. 그러나 마치 야구팀처럼 뜨거운 응원을 받을 때면, 유석영은 오히려 이런 아지오의 방식이 새로운 시대의 트렌드와 결을 같이하고 있는 게 아닐까 느낀다.

더 소중한 것을 지키고 더불어 살아가기 위해 소비에 신중해지고 대량생산과 기계화에 지쳐 다시 사람의 손길이 깃든 물건으로 눈길을 돌리는 사람들, 세상의 지속 가능성을 지향하는 이런 사람들이 많아질수록 아지오도 지속 가능해질 것이다.

아지오가 고군분투하는 지금 이 순간에도 많은 소비자가 우리를 지켜보며 응원하고 구매 계획을 세우고 있을지도 모른다고, 그리하여 착한 소비를 지향하는 시장이 오늘도 신발 한 켤레만큼 조금 커졌을 거라고, 유석영은 믿어 의심치 않는다. 그 움직임이 더 큰 대세가 될 때까지 아지오가 할 수 있는 일은, 묵묵히 좋은 구두를 만들며 끈질기게 살아남는 것이다.

실패를 말하며
희망을 증명한다는 것

_유석영(구두만드는풍경 창립자, 조합원)

신종 코로나바이러스 감염증으로 거리의 바람이 차디차고 상점마다 그늘이 짙다. 계절은 봄으로 향하는데도 몹시 추운 기운인 것도 그 때문이리라. 바이러스라는 부르지 않은 길손이 사람살이에 끼어들어 몸과 마음을 아프게도 하고 살림살이를 어렵게도 만들면서 모두의 간격이 멀어졌다. 그만큼 도움과 배려가 더 있어야 하고 인내와 기다림도 넉넉해야 하는 계절이다. 건강한 봄을 품에 안기 위해서.

제화산업과 아지오도 차가운 바람을 피해 갈 수는 없었다. 먹고살기 힘들어 소비가 위축되면 의류에 나가는 지출부터 줄이는 법이고, 그중에서도 신발은 밖에 나가지를 않으니 직격탄을 맞는다. 특히 아지오는 평시라면 외부 행사를 통해 실측 이벤트를 열고 잠재 고객을 모으곤 했을 것이다. 눈앞에서 실측을 하고 있으면 사람들이 신기하기도 하고 궁금하기도 해서 기웃기웃하다가, 재미 삼아 발을 재어보고 구두까지 주문하거나 적어도 아지오라는 브랜드를 인식하고 가곤 했다. 이런 일을 벌일 수 없는 요즘은 대면해서 실측을 하는 것도 조심스럽다.

다행히 홈페이지 아지오몰을 비롯해 입점된 온라인 쇼핑몰에서 판매를 계속하고 있다. 여전히 찾아오는 고객들의 실측도 이어지고 있는데, 일대일 대면 실측이 그래도 오프라인 매장보다는 비대면 시대에 알맞지 않을까 한다. 아지오는 그저 이 찬기가 하루빨리 가시기를 바라며 지금 할 수 있는 일들을 해나가고 있다. 시절이 좋아지면 다수의 잠재 고객을 대상으로 하는 실측 행사를 좀 더 구체화시켜 나갈 계획이다.

그렇게 어느 때보다 정신없이, 새로운 아지오의 세 번째 겨울이 지나간다. 정부기관에 기대거나 이슈에만 편승하지 않고 3년의 고비를 넘었다. 흔들리고 몸살을 앓으며 땅맛을 알아가는 나무처럼, 사업이 이런 것이구나를 느끼고 있다. 욕심대로라면 얼른 어엿한 기업으로서 정상에다 성공의 깃발을 꽂고 싶은데 세상일이 그리 간단치 않음을 한 번의 실패로 배운 터라 급한 마음을 애써 내려놓는다. 섭섭하면서도 허무하고 흐뭇하면서도 아쉬움이 적지 않다.

그래도 한편으로 아지오와 가깝고 친한 사람이 많아졌다는 사실에 안도의 한숨을 내쉰다. 만드는 구두의 가짓수도 늘어서 제법 잘 팔린다. 개업 초기에는 당연히 '대통령의 구두'라는 이슈에 영향을 받아 사주는 분들이 다수였으나, 이제는 아지오 구두 자체가 좋아서, 신고 싶어서 사러 오는 고객들이 더 많다. 아지오가 장애인 제품에 대한 긍정적인 인식을 퍼뜨리는 데 작은 역할을 하고 있다는 증거가 아닐까 생각한다. 앞으로도 고생문이 훤하고 넘어야 할 산이 많겠지만 실패한 경험이 어느새 자산이 되어 지금의 아지오를 든든하게 받치고 있다. 그런 생각으로 마음이 약해질 때마다 자세를 다잡아본다. 겨울이 가면 반드시 봄이 오듯 아지오에도 봄이 찾아올 것이고 새파란 새싹들이 두꺼운 나무껍질을 뚫고 고개를 드러낼 것이라고.

저마다 대박의 성공담을 자랑하고 "이렇게 하면 성공할 수 있다"라고 자신 있게 외치는 책들 사이에서 우리가 겪은 실패의 역사는 초라해 보였을지도, 재기에 성공한 이야기는 소소하게 들렸을지도 모르겠다. 그런데도 왜 책을 썼느냐고 묻는다면, 때론 성공보다 실패가 더 많은 것을 말해주기 때문이라고 답할 것이다.

패자는 말이 없다지만 우리는 실패에 대해 이야기하고 싶었다. 실패하고 나서야 깨닫는 것이 있다. 우리의 실패와 거기에서 얻은 깨달음을 나누면 누군가는 실패하지 않고도 실패의 원인을 알고 그것을 경계할 수 있지 않을까. 우리의 실패가 누군가에게는 교훈과 지혜가 될 수 있지 않을까. 그런 의미에서 실패담은 성공담만큼, 아니 어쩌면 성공담보다 귀하다고, 그러므로 누군가는 실패에 관해 이야기해야 한다고 생각했다. 그런 이유로 우리는 보통 창피해서라도 쉽사리 꺼내지 못할 처참한 실패담을 마치 부끄러움도 모르는 듯 모조리 털어놓았다.

독자들이 처음 이 책을 집어 들 때는 대통령이 신은 덕분에 결국 대박이 난, 신데렐라 이야기 같은 결말을 기대했을지도 모르겠다. 그러나 알다시피 그렇게 속 시원한 해피엔딩은 없었다. 팡파르 소리와 함께 공주가 된 후에도 삶과 사업은 계속되고, 오르막길과 내리막길이 규칙도 없이 나타나는 곡절은 끊이지 않기 때문이다. 돈 없는 작은 회사, 선한 취지를 가진 사회적 기업으로서 크게 성공하는 비결을 배울 수 있길 기대했을지도 모르나 그 또한 찾기 어려웠을 것이다. 아지오도 아직 그 길을 찾는 여정에 있기 때문이다.

다만 기적은 일어나며, 노력한 대가는 어떤 시점에 어떤 형

식으로든 돌아온다는 희망을 이 책을 통해 품을 수 있기를 바랐다. 더불어 한번 실패하면 다시 도전하기 힘든 세상이지만 한 번의 실패가 다시 일어서는 원동력이 될 수도 있다는 것을 우리의 사례로 증명해 보이고 싶었다. 무엇이 뼈아픈 고통을 겪고 나서도 다시 일어날 용기의 기반이 되는지 말하고 싶었다. 그리고 아지오는 그 자체가 희망의 증거이기도 하니 많은 분이 이 힘든 시기에 아지오의 이야기를 통해 희망을 얻었으면 했다.

이런 마음으로 우리가 겪고 느끼고 깨달은 모든 것을 구두를 짓듯 정성스럽게 이 책에 담았다. 타인과 사회를 위한 선한 의지를 비즈니스의 형태에 담고 싶은 이들, 어려운 상황에서 크고 작은 사업체나 가게를 운영하며 고군분투하는 모든 이가 이 책을 통해 소박할지언정 가치 있는 도움과 영감을 가져갔으면 하는 바람이다. 아지오가 추구하는 가치와 지켜온 철학이 헛된 것이 아니었음을, 비즈니스와 사회적 가치가 반드시 충돌하는 것은 아니라는 사실을 우리 아지오는 느리지만 묵직한 걸음으로 스스로 증명해나가고 있다. 그리고 앞으로도 더 많은 기업과 사람들이 아지오의 발걸음과 함께할 것이라고 기대해본다.

이렇게 책으로 아지오의 길지 않은 역사를 정리하고 보니 고마운 사람이 참 많았다. 잠시 스쳐간 사람도 있고 지금까지 함께해주고 있는 사람도 있다. 스쳐간 인연도 오랫동안 옆에 있는 인연도 모두 아지오를 이루는 한 세포일 터다. 모두에게 감사하다. 파주 공장 시절에 함께해준 직원들에게는 지울 수 없는 미안함과 고마움을 동시에 전한다. 그리고 언젠가 다시 만나길 고대한다. 지금의 아지오에서 함께하고 있는 모든 식구와 조합원들에게도 감사를 전한다. 이 인연이 길게 이어지기를 바라 마지않는다.

무엇보다 아지오의 뜻에 공감해주고 응원해주며 애정을 보여준 모든 분에게 깊은 감사를 전한다. 아지오 구두를 사서 신고 계신 분들도, 아직 구매하지 못한 분들도 앞으로 아지오 구두와 만나 가볍고 행복하게 좋은 곳으로 발걸음 향하기를, 우리 아지오가 구두를 두드리고 늘이고 다듬는 손길에 그 바람을 담을 것이다.

끝으로, 이 책을 준비하던 말미에 아지오의 CEO 자리를 더 전문적이고 훌륭한 사람이 대신하게 되었음을 전한다. 그간 아지오의 이사로서 귀한 의견과 쓴소리를 아끼지 않았던 정권 대표가 앞으로 아지오의 키를 잡고 직원과 조합원과 함께 항해를 계속할 것이다. 오랫동안 직업재활 사업에 헌신해온 그이기에, 우리가 함께 세워온 아지오의 원칙과 '청각장애인의 꿈'을 지키고 이어가리라 생각되어, 대표의 자리를 떠나 조합원의 자리로 옮기는 발걸음이 가볍다.

아지오는 손으로 사랑을 말하고 손으로 꿈을 꾼다. 큰 소리도 귓속말도 아닌 손으로 정직을 이야기한다. 고객들의 발에 꼭 맞도록 일일이 손으로 어루만지며 구두를 만든다. 돈의 크기보다 사람의 가치를 더 소중히 여긴다. 아지오는 정직한 손으로 만든 좋은 구두이므로 이를 신는 사람들을 좋은 곳으로 데려다줄 것이다.

우리는 새로운 꿈을 꾼다. 참된 생각을 손에 담아 자유와 평등이 범람하는 아지오 세상을 만들 것이다. 조금이어도 나누고 모자라도 베풀며 더 어려운 곳에 제일 먼저 달려갈 것이다. 이제부터는 손으로 만들어가는 아지오 세상을 기대해도 좋다. 실천하는 힘을 더 많이 갖고 있는 쪽은 말보다는 손일 테니까.

저자를 대표하여
2021년 봄 유석영

마치는 글_ 실패를 말하며 희망을 증명한다는 것   225

AGIO ————————

부록

아지오를 신는 사람들

진정한
명품이란

빅벤시계 대표 박세준

유럽의 명품 브랜드들을 보면 100년 이상의 역사를 가진 곳이 많다. 처음에는 미약하게 시작했을지라도 세월에 따라 농익은 장인의 손길이 이어져 결국 명품으로 거듭난 곳들. 아지오도 언젠가 명품 구두로 우뚝 설 수 있기를 기대한다. 언젠가 다음 세대가 "그 대단한 아지오도 한 번 망한 적이 있었다더라" 하고 이야깃거리로 삼을 수 있도록.

아지오의 고객 중에는 명품 전문가도 있다. 하얏트호텔 명품관에서 스위스의 명품 시계 브랜드인 IWC 시계를 20년째 판매해온 빅벤시계의 박세준 대표. 스위스 전통 방식의 수제 손목시계가 박 대표의 주력 상품이다.

애플워치가 스위스산 시계를 다 합친 것보다 더 많이 팔리고 전통 시계 브랜드조차 스마트 워치 시장에 뛰어든다는 지금, 매일 태엽을 감아 구동하는 옛날 방식의 시계를 아직도 찾는 사람이 적지 않다고 박 대표는 이야기한다. 그러니 그가 손으로 만든 아지오 구두에 운명처럼 끌린 것도 우연이 아닐 것이다. 박 대표는 2018년부터 아지오 구두에 푹 빠졌다. 직접 발을 실측하여 '나만의 구두'를 맞춘다는 매력에 끌려, 이미 다섯 켤레의 아지오 구두를 장만했으며 회사 직원 모두에게도 한 켤레씩 선물했다. 신발 구매에서 그치지 않고 매장을 갖추는 일, 특화된 판매 전략, 브랜드의 명품화에 대한 금과옥조와 같은 아이디어를 아지오에 선물로 건네기도 한다.

"이렇게 좋은 아지오를 더 많은 사람이 알았으면 좋겠습니다. 편안함 말고도, 그 외의 소중한 가치가 세상에 널리 알려졌으면 하고요."

박 대표가 말하는 '그 외의 소중한 가치'란 손으로 직접 만든 것의 각별함을 뜻하는 것이리라. 요즘 사람들이 주로 시각을 확인하는 매체는 휴대폰이다. 지금 커가는 아이들은 시계를 말할 때면 바늘의 움직임보다 디지털 화면의 숫자를 먼저 떠올릴지도 모른다. 1980년대 중후반까지 골목 곳곳에 자리했던 시계점들은 양화점, 양복점, 양장점과 함께 추억 속으로 사라져버렸다. 똑똑한 사람들의 끊임없는 발명과 새로운 개발은 사람의 손으로 돌아가던 풍습과 문화를 디지털이라는 웅덩이 밑으로 가두었다.

전자 문명의 홍수 속에서도 스위스 명장들은 여전히 손으로 깎고 다듬어 명품 시계를 만든다. 그들은 비싼 가격을 지불하고서라도 명품을 소유하겠다는 소비자의 부름에 끊임없이 답하고 있다. 박세준 대표는 명장들의 솜씨와 소비자들의 요구 사이에서 고급스러운 심부름을 하고 있는 셈이다.

"저는 아지오가 명품이라고 생각합니다. 직접 손으로 발을 재고, 기계보다 손을 더 많이 사용해서 맞춤화를 만들어내고 있으니까요. 보통이라면 제가 10년에 걸쳐 구입했을 신발 다섯 켤레를 2년 만에, 그것도 아주 기쁜 마음으로 샀을 만큼 좋은 수제화입니다. 이 수제화들은 말 그대로 '나만의 신발'이죠."

20년째 명품을 팔아온 CEO가 아지오를 명품의 반열에 세워주다니. 품은 많이 들고 수익은 적은 사업이라는 걱정과 핀잔을 들으면서도 가끔 이런 칭찬을 받으면 아지오 사람들은 큰 희망을 품게 된다. 명품 장인이 되겠다는 청각장애인들의 꿈이 실현될 수 있다는 확신이 서는 순간이다.

아지오는 앞으로도 우리를 지지해준 모든 사람들을 향한 고마움과 나만의 맞춤 수제화만이 지니고 있는 가치를 청각장애인들과 함께 손으로 붙이고 다듬어 구두의 형태로 고객들에게 선물할 것이다.

진정한 명품은 고유한 철학과 역사를 가지고 사회적 책임을 다하는 기업이 만들어낸 물건이다. 그러한 명품이 되기 위해 아지오는 견디고 버티며 묵묵하게 역사를 쌓아가는 중이다.

/

가장 힘들 때 만난
가장 따뜻한 손길

예일필터·문산밤나무골 대표 박정숙

높은 시장의 벽에 부딪혀 고생하던 와중에도 따뜻한 손길을 많이 만났다. 많은 이웃이 구두만드는풍경을 응원해주었고, 구두 한 켤레를 사 신기 위해 먼 길을 달려온 고객들도 많았다.

2010년 아지오가 문을 연 첫해에 직원들과 함께 파주 문산에 있는 한 음식점으로 밥을 먹으러 갔었다. 그날도 여느 때처럼 앉자마자 음식점 사장에게 염치 없이 구두를 홍보했다.

"저희는 올해 1월부터 이 청각장애인 직원들과 함께 아지오 구두를 만들고 있습니다. 천연 소가죽으로 수제화를 제작하기 때문에 발이 무척 편합니다. 디자인도 멋지고요……"

밥을 먹으러 와놓고 숨을 몰아쉬며 구두를 소개하는 아지오 직원들을 사장은 진중하게 바라보았다.

"아! 그러시군요. 저는 이 집 주인 박정숙입니다. 그렇게 좋은 뜻이 담긴 구두라면 당연히 사드려야지요. 얼마나 힘드세요. 우선 제 구두를 사고 나중에 남편과 아들 구두도 사겠습니다."

사장의 말에 직원들은 기쁘기에 앞서 너무 놀랐다. 보통의 경우 사람들에게 구두에 대해 이야기하면 "괜찮습니다", "생각해보겠습니다"라고 유보하듯 돌려 거절하거나 "돈 없어 못 삽니다" 하며 대놓고 거절하거나 아니면 핀잔을 주었다. 그런데 뜻밖에도 그는 우리를 고운 시선으로 맞아주었다. 그냥 대충 입막음을 하려고 일단 산다고 이야기한 것이었을까?

그게 아니었다. 그는 다음 날 약속대로 아지오에 와서 구두를 현금으로 구매했다. 한 켤레도 아니고 다섯 켤레를 한꺼번에! 한창 판매 부진으로 지쳐가던 아지오가 다시금 힘을 얻은 사건이었다. 박정숙 대표는 당시 아지오와의 첫 만남을 생생하게 기억한다.

"처음 아지오 구두 얘기를 들었을 때 정말 좋은 일이라고 생각했거든요. 청각장애인들이 함께 만든다는 사실이 큰 감동으로 다가왔고요."

그날 이후 그는 아지오 구두를 갖게 된 것을 큰 자랑으로 삼고 있었다. 그런데 아지오가 문을 닫았다는 소식을 듣고는, 더 열심히 주변에 홍보했어야 했다며 아쉬움이 컸다고 한다.

매일같이 음식점에 오던 아지오 직원들의 발길도 공장 간판을 내린 후에는 뚝 끊겼다. 박 대표는 아지오 구두를 신을 때면 문득 그 직원들은 어디서 뭘 하고 있을까 궁금하고 걱정이 되었다.

2017년 5월 '대통령의 구두'에 관한 뉴스를 우연히 라디오에서 들은 그의 얼굴은 놀라움과 반가움으로 가득 찼다. 7년 전에 산 아지오 구두를 여전히 애지중지하며 신고 다니던 참이었다. 바로 유석영의 연락처를 수소문해서 인사를 나누고 재창업에 참여할 수 있는 방법을 알려달라고 했다. 그렇게 박 대표는 아지오의 조합원이 되었다.

박정숙 대표는 음식점 주인일 뿐 아니라 실내 공기를 정화하는 필터를 제조하고 판매하는 회사도 20여 년째 경영하고 있는 사업가다. 사업 경험이 풍부한 CEO가 조합원이라는 사실만으로 얼마나 든든한지 모른다. 가난도 겪어보고, 믿었던 사람에게 큰 돈도 떼여보고, 누구 못지않은 부침을 겪은 그이기에 위기를 대하는 태도도 남다르다.

"저는 위기를 운명으로 여겨요. 피하거나 버릴 수 없는 인생의 한 부분인 위기를 딱히 특별하게 구분하지 않습니다. 견디고 노력해서 잘 이겨내면 더 새로운 운명을 맞이한다고 생각하지요."

그 말대로다. 아지오 역시 위기를 통해 새로운 운명을 맞이했다. 위기는 '끝'이 아니라 '새로운 운명으로 가는 문'이라는 것을 이제는 믿을 수 있다. 앞으로 언제 찾아올지 모를 위기에도 아지오는 의연하게 맞서 우리 앞에 놓인 문을 열고 들어갈 것이다.

아지오의
대형 사고

헬리콥터 정비사 오현영

2018년 3월 23일, 아지오 남성화를 주문한 여성 고객이 있었다. 발이 아주 큰 편인 남자친구에게 청혼 이벤트를 하려고 한다며 몇 가지 특별한 부탁과 함께 구매 요청을 넣었다. 부탁의 내용이란, 충북 음성에 있는 남자친구의 회사로 찾아가서 아무런 얘기도 하지 말고 그의 발 크기만 잘 재서 멋지게 구두를 만든 후에 배송은 반드시 자신에게로 해달라는 것이었다.

그 정도쯤이야 충분히 할 수 있다는 대답과 함께, 아지오는 남자친구를 찾아가 시키는 대로 발만 재고 돌아와 구두를 정성껏 만들어 택배로 보냈다. 그런데 여기서 사고를 쳤다. 고객의 부탁을 깜빡하고 남자친구의 주소로 구두를 보내버린 것이다. 치밀하게 준비한 이벤트가 뒤집어졌으니 얼마나 속상했을까. 아름다운 숲길 저만치에 아지오 새 구두를 내려놓고, 다가오는 남자친구에게 미리 준비한 글을 낭독하며 근사하게 청혼 이벤트를 하려 했었는데…… 아지오가 그 소중한 순간을 앗아가버린 셈이다. 그야말로 대형 사고였다.

고객은 헬리콥터 정비사인 오현영 씨. 고생하며 수년을 일하다가 이제야 자신의 일에 비로소 만족과 보람을 느끼게 되었다는 현영 씨는 사실 굳이 결혼할 필요가 없다는 생각이었다고 한다. 하지만 남자친구 동윤 씨를 만나고 1년쯤 되었을 때 현영 씨가 어떤 수술을 받게 되었다. 혹시 모를 수술 후 장애에 대한 두려움으로 떨고 있을 때 동윤 씨는 평소와 다름없이 특유의 실없는 농담으로 현영 씨를 웃기며 기분을 살펴주었다. 난생처음의 위기 상황에 많이 흔들리던 현영 씨와 달리 일관되게 느긋한 태도를 유지하는 남자친구를 보며 그녀의 마음이 조금씩 움직였고, 이제는 결혼을 원하는 동윤 씨의 마음에 답을 해야 할 때가 왔다는 생각이 들었단다. 그의 꾸준한 마음을 기다리게 한 것이 미안했고 또 그의 오랜 기다림에 특별하게 답하고 싶던 그녀는, 고민 끝에 진심을 다해 동윤 씨에게 청혼하기로 했다. 그리고 청혼을 앞두고 선택한 특별한 아이템이 평소 발이 커서 맞는 기성화를 찾기 힘들었던 동윤 씨를 위한 아지오 구두였다.

비록 예기치 못한 아지오의 사고로 계획한 청혼 프로젝트는 실패했지만, 구두를 선물받은 동윤 씨는 자신의 왕발에 꼭 맞는 신발을 만나 너무 행복하다면서 평소보다 더 꿀 떨어지는 눈빛으로 현영 씨를 보더란다. 현영 씨는 조만간 그에게 어울릴 또 다른 선물을 찾아 그의 앞에 무릎 꿇고, 마음 단단히 먹고 정식으로 청혼을 하겠다고 했다.

"결국 떠날 사람이라면 구두 아닌 족쇄를 걸어놔도 떠났겠죠. 사랑할 운명이면 그 어떤 신발을 선물해줘도, 결혼하든 하지 않든 평생 변함없이 사랑할 거예요."

신발을 사주면 도망을 간다는 속설을 아랑곳 않고, 연인에게 아지오 구두를 선물하는 사람들이 적지 않다. 특히 현영 씨와 동윤 씨 같은 젊은 연인들은 오히려 '좋은 신발은 좋은 곳으로 데려가준다'는 믿음으로 구두 선물을 많이 한다. 부부 간의 선물이야 말할 것도 없다. 인생의 중요한 순간들을 위해, 가장 소중한 사람들을 위해 아지오를 선택하는 사람들이 있다. 그들은 더 많은 이들이 행복을 일구며 살아가기 위해 매진하는 아지오의 뜻에 기꺼이 함께해준 것이라 믿는다.

재야의
구두 고수

활천경희한의원 원장 이현효

많은 이들의 응원에 힘입어 아지오의 문을 다시 연 지 얼마 되지 않았을 때, 직원들은 새로운 고객들의 전화를 받고 댓글을 살피느라 야단이었다. 넉넉한 칭찬과 격려도 많았지만 되새겨야 할 따끔한 충고도 많았다. 그런데 그 사이에서 유독 눈에 띄는 글이 있었다.

'렘브란트'라는 필명으로 남겨진 장문의 글이었는데, 구두에 대한 남다른 애정과 지식뿐 아니라 공학적·의학적 상식까지 담겨 있는 글이었다. 그의 글을 읽은 사람들은 구두 장인이 올린 글이라 생각할 정도였다.

"언젠가 〈특별시민〉이라는 영화를 보았습니다. 주인공인 곽도원 씨는 서울시장 최민식 씨의 보좌관을 연기합니다. 영화에 그런 대사가 있습니다. '좋은 신발은 자기를 좋은 곳으로 데려가준다고 믿는다.' 저도 그렇습니다. 리미티드 버전의 신발을 사 모을 정도의 매니아는 아니지만, 제 삶에서 신발을 중요하게 생각합니다. 그럼에도 막상 신발을 고를 때면 만들어진 신발에 내 발이 맞는가를 테스트하는 것이 전부였습니다.

그러다 아지오에서 신발 맞춤을 경험하면서 당연한 것을 깨달았습니다. 신발에 내 발을 맞춰야 하는 것이 아니라, 내 발에 신발을 맞출 수 있다는 것을요. 저는 발볼이 큰 편인지, 페라가모나 아 테스토니 구두를 신을 때도 새끼발가락의 외측마진(!)이 아픈 적이 많았습니다. 편히 구두를 신을 수 없었지요. 그럼에도 아지오에서 제 바람을 잘 수용해주셔서 그런지 그 전 구두와 달리 발에 잘 맞았습니다. 천연 고무 겉창이 잘 미끄러지지 않아 더 편했습니다.

오늘은 새로 받은 구두를 신고 감천문화마을을 세 시간가량 걸었는데 전혀 아프지 않았습니다……(중략)"

그의 이야기를 좀 더 들어보면 아지오가 더욱 확실한 편안함을 제공할 수 있을 것 같았다. 고마움과 궁금한 마음에 그를 만나고 싶었다. 결국 먼 길을 달려가 만난 그는 경남 김해에서 한

의원을 경영하고 있었다. 아지오에 큰 관심을 쏟아준 이현효 원장은 우리를 반갑게 맞이하며 얼마든 도움이 되고 싶다고 했다. 직원들은 주저 없이 그에게 질문했다.

"원장님, 이제부터 우리 아지오가 가진 고민들을 풍부한 의학적 지식으로 답해주시면 고맙겠습니다. 이제까지 저희는 좋은 구두를 만드는 일에만 치중했는데, 앞으로는 고객들의 발 건강에도 신경 쓰고 싶습니다."

그는 흔쾌히 아지오의 청에 응했다.

"사람들이 아지오에 대해 칭찬을 많이 하더군요. 오늘 저는 진짜 아지오를 사랑하는 마음으로 쓴소리도 하겠습니다. 우선 발치수를 잴 때, 아지오는 선 자세에서 한 번 발의 실루엣을 측정했습니다. 하지만 선 자세와 앉은 자세를 모두 고려해야 합니다. 체중 부하가 걸릴 때와 걸리지 않을 때를 비교하기 위해서죠. 둘째로, 조금 수고스러울지라도 발을 일일이 만져보아야 합니다. 발등, 발허리 뼈의 모양과 기형 여부 등을 관찰하기 위해서 입니다. 또 고객이 당뇨나 혈관수축질환이 있다면 헐거운 신발을 권해야 하지요. 이런 이야기를 꼭 들려드리고 싶었습니다. 뛰어난 장인이 되려면 구두 만드는 법만 잘 알아서는 부족합니다. 먼저 발에 대해 잘 알아야 합니다."

이렇게나 귀한 조언이라니 실로 행운이 따로 없었다. 구두는 결국 사람이 신는 것이기에 좋은 구두는 고객의 발을 잘 아는 데에서 비롯된다는 가르침이었다. 이런 고민은 어디에서도 해결하기 어려운 것이었다. 아마 그의 귀중한 글을 보지 못했다면 가서 물을 생각도 못했을 것이다.

"소비자 입장과 공급자의 입장은 늘 상치되기 마련이죠. 그렇지만 해답은 늘 소비자의 필요와 요구에 있어요. 생존 가능성도 마찬가지고요. 신발의 본질은 착화할 때 발이 편안한 것입니다. 기성화보다 수제화가 훨씬 편하고 좋을 수밖에요. 발의 해부학적인 특성, 기능적인 특성을 잘 알고, 사람마다 다른 발의 모양에 맞춰 신발을 만들어낸다면 아지오의 미래는 밝을 것입니다."

그냥 구두를 잘 만드는 일이 최선이자 최고라고 느꼈던 우리에게 이 원장의 따뜻한 관심은 '사람의 건강이 가장 소중하다'는 불변의 진리를 알려주었다. 과연 재야의 구두 고수가 확실했다.

서울로 돌아온 직원들은 그에게서 배운 것들을 나누고 정리했다. 수제화의 출발은 '발에 대한 정확한 이해'라는 것을 다시 한번 마음에 새겼다. 명색이 수제화, 그것도 맞춤 구두를 만드는 회사로서 불편한 발에 대한 고찰이 깊지 못했다는 것에 반성도 했다.

이현효 원장과의 잊을 수 없는 만남 이후 실제로 실측 과정에서도 몇 가지 항목들을 추가로 확인하고, 질병이 있는 고객은 건강까지 고려하여 구두를 만든다. 구두 제작 공정에서도 조금씩 변화를 주고 있다. 덕분에 우리는 발이 편안하고 삶도 편안해지는 신발에 한 걸음 가까이 다가갈 수 있었다.

앞으로 기회가 된다면 이현효 원장과 함께 구두는 물론 건강한 발의 유지를 위한 캠페인을 작게나마 벌여보고 싶다.

지금까지 많은 사람들에게 관심과 은혜를 입은 아지오이기에 그 고마움에 보답하는 뜻에서라도 정말 건강한 발에 꼭 맞는 멋진 구두를 만들어야겠다고 분명히 약속을 드려본다.

어떤 구두는
신는 사람을 변화시킨다

다소니 사회복지사 김현미

찐빵이 유명한 안흥을 지나 평창 방림면 계촌리에 당도하니, 길 따라 늘어선 계수나무들이 푸른빛 웃음으로 맞아주었다. 이 마을에 구두만드는풍경의 이사 이선우가 운영하는 장애인거주 시설 '다소니'가 자리하고 있다. 2019년에 다소니 식구들이 아지오를 방문하여 수제화가 만들어지는 모습도 보고 직접 발 크기를 재어 맞춤 구두를 장만한 적이 있었다. 혹시라도 수선이 필요하거나 다른 불편한 점이 생겼을지 몰라 아지오가 출장을 겸하여 이곳으로 반나절 여행을 왔다.

'다소니'는 순우리말로, 그 뜻은 '사랑하는 사람'이라고 한다.

그 이름처럼 예쁘고 주변 풍광도 참 좋은 곳이었다. 30명의 장애 이용인과 25명의 직원들이 사랑의 공동체를 이루어 정을 나누며 알토란 같은 꿈을 키워가는 행복한 일상이 느껴졌다. 그 가운데 아주 오래전부터 아지오를 알고 그 가치를 존중하며, 자신의 구두 한 켤레뿐 아니라 대학원을 졸업하는 아들에게도 한 켤레를 선물한 사회복지사 김현미 주임을 만났다. 다소니에서 여성 장애인들의 생활 지원을 담당하는 사람이다.

"저는 파주에 있던 시즌1 때부터 아지오를 알고 있었어요. 무슨 이유로 시작해서 어떤 식으로 일했는지, 왜 폐업했는지도 대략은 알고 있고요."

김현미 주임의 말투와 표정에서 그냥 조금 아는 정도가 아니라는 것이 느껴졌다. 그녀는 예전에 마음을 먹고 구두를 사 신으려 했으나 이미 아지오가 폐업한 뒤였다고 고백했다.

결국 아지오 구두를 마음에만 담고 지내오던 그는 뜻밖의 장소에서 아지오 구두를 발견했다. 2015년 어느 신발 가게에서 선명하게 'AGIO'라고 새겨진 상표의 구두를 찾은 것이다. 김현미 주임은 반가운 마음에 얼른 한 켤레를 구입했다. 아마도 아지오가 폐업하면서 남은 제품을 내놓은 것이리라 짐작했다.

그러나 그 구두는 인천에서 구두를 생산하던 사람이 한때 짝퉁 아지오를 적지 않게 시장에 풀어서 팔리던 물건이었다. 당시 아지오 식구들에게 충격과 상처를 주었던 그 구두가 하필이면 그의 손에 들어오게 된 것. 이를 뒤늦게 안 김현미 주임은 아지 오와의 첫 만남이 짝퉁이었다는 사실에 속도 상하고 입맛도 씁 쓸했다 한다.

우여곡절 끝에 부활한 아지오는 이런 김현미 주임에게 큰 기 쁨이요, 희망이었다. 자기 구두를 얼른 사 신고 아들에게도 아지 오를 반갑게 선물한 것도 그런 사연이 있어서였다.

"아지오에 새로운 디자인이 나왔다거나 다른 좋은 소식을 전 해 들을 때면 기쁨이 커요. 제게는 그 의미와 가치가 참 소중하 거든요. 편안함은 물론이고요."

김현미 주임은 꼭 모델처럼 포즈를 취하고 구두를 뽐내듯 말 했다. 진심으로 아지오의 성공을 바라는 마음이 전해졌다.

"신발을 신는 것은 목적지가 있기 때문이겠지요. 정해놓은 곳 으로 걸어서 가기 위해 신발을 신는 거잖아요. 저는 아지오를 신 을 때마다 좋은 생각을 하고 좋은 곳을 가고자 노력해요."

아지오의 존재 의미를 다시금 일깨워주는 말이다. 노래하는 사람은 노래로 소통하고 그림 그리는 사람은 그림으로 소통하듯 구두 만드는 사람은 구두로 소통한다.

누구나 매일같이 신발을 신는다. 하지만 너무 일상적인 일이 기 때문에, 대개는 신발을 신는다는 일이 아무런 자극을 주지 못

한다. 하지만 어린 시절을 떠올려보면, 처음 선물받은 운동화를 신거나 처음 사회에 나와 갓 장만한 구두를 신었을 때의 기분은 분명 달랐다. 그 신발이 나를 좋은 곳으로 데려다줄 것 같은 기분을 우리는 정말 느꼈다.

신으면 괜스레 기분이 좋아지는 신발이 있다. 오늘 하루를 즐겁게, 열심히 지내야겠다고 마음먹게 만들기도 한다. 그렇다, 어떤 신발은 그 신발을 신은 사람을 변하게 한다. 걸음마다 어떤 삶을 살고 싶은지 기억하게 한다. 아지오는 그런 구두가 되고 싶다. 매일 만나더라도 좋은 생각을 하게 하고 좋은 곳으로 가고자 노력하게 만드는 구두가.

/

발을 위한 구두가
사람을 위한 구두

- -

시즌2에 또다시 구두모델이 되어준 변상욱은 아지오에서 조합원이자 감사직을 맡고 있다. 그는 아지오 구두를 "구두 친구"라고 부르며 애정을 듬뿍 쏟았는데, 얼마나 큰 애정이면 두 켤레를 무려 10년이나 신고 있다. 구두가 워낙 튼튼하고 또 그만큼 아끼고 잘 관리했겠지 싶으면서도, 아지오 입장에서는 이 사람을 좋은 고객이라고 불러야 할지 난감하다.

그런 그가 2019년 3월 31일자로 35년간 일해온 CBS를 떠났다. 근무상한연령 60세에 이르면서 정년퇴임을 한 것이다. 언제나 국민의 눈높이에 맞게 정보를 전달하던 메신저였던 대기자 변상

욱은 새로운 길로 향하면서 오래된 구두 두 켤레와도 이별하고
아지오에 새로운 구두를 주문했다. 다음은 변상욱이 쓴 오래된
구두와의 이별 편지를 그대로 옮겨본다.

회사를 떠나는 2019년 봄 저는 그동안 제 발을 감싸주던 구두
둘과도 이별합니다. 구두만드는풍경 아지오가 처음 출범할 당시
장만한 두 켤레입니다. 역시 두 켤레를 장만해 번갈아 신는 것은
현명한 선택이었습니다. 꽤나 싸돌아다니는 몸인데도 어언 10년
이란 세월을 무난히 함께할 수 있었으니까요. 먼저 하직 인사를
고한 건 구두 앞코에서 시작된 절개선 두 줄이 발등까지 이어지
는 친구입니다. 출장으로 전국 곳곳을 누비며 공항이나 고속버
스터미널에서 구두를 닦아달라고 내밀었을 때 걸핏하면 '논란'
이 된 친구입니다.
　"어느 메이커죠? 아지오? 잘 모르겠는데⋯⋯"
　"구두를 이렇게 만들면⋯⋯ 아닐 텐데, 쩝⋯⋯"
　요즘 이런 구두를 만드는 회사는 없다, 이런 가죽을 써서 만들
면 도대체 무슨 이문을 남기겠느냐, 꽤나 비싸게 만든 수제화다
등등. 칭찬인지 딱하다는 건지 모를 소리들이었습니다.
　정말 발이 편하긴 하더군요. 운동화만큼 편하다는 말을 나도
입에 달고 살았으니까요. 그래서 가죽이 늘어져 아무리 졸라매

도 헐렁한 구두를, 뒤꿈치를 덧대고 밑창을 새로 깔아 신고 또 신었습니다.

이 '친구'에겐 비밀 아닌 비밀이지만 사실 예뻐한 건 다른 친구였습니다. 앞코에 가로 방향으로 절개선이 있는 스트레이트 팁 구두. 직업상 정장을 자주 입고 무대나 카메라 앞에도 서다 보니 맵시도 생각해야 했습니다. 흘러내리는 바지 주름선을 넘겨받아 구두 앞코까지 흐르는 선이 유려했고, 반짝이는 앞코가 마음에 들어 행사용으로는 늘 이 스트레이트 팁 친구를 신었습니다.

그 두 친구를 이제 떠나보내고자 합니다. 수선을 더 하려 했더니 공장장님이 "새로 살 때는 사야 한다"고 충고인지 압박인지 모를 말씀을 하시더군요. 이미 힘겨워하는 두 친구를 대신할 두 켤레의 아지오 구두가 장만되어 있기도 해서 이만 보내기로 했습니다.

새 구두도 변함없이 끈이 달린 친구들입니다. 성미가 급해서 제 자신을 다스리려, 구두를 신을 때마다 묶고 풀고를 반복하며 성질 좀 죽이자는 나름의 결의입니다. 한번 제대로 묶어놓고 구둣주걱을 쓰라 하지만, 끈을 묶은 채로 그대로 신는 건 틀에 발을 맞추는 것이고 구두 친구들을 힘들게 하는 것이라 생각하여 늘 풀었다 묶어 신습니다.

구두는 '편하다' 한마디면 다른 말은 필요 없습니다. 발을 위한 구두가 사람을 위한 구두니까요. 검도 수련을 하며 족저근막염에 중족골 피로골절을 달고 살아 발에 몹시도 민감하고 구두에도 까다롭습니다. 의사가 환자를 진찰하듯, 구두를 주문하면 발을 만져보고 이리저리 재고 다른 불편함은 없는지 물어보는 아지오가 그래서 반갑습니다. 나이를 먹을수록 점점 힘들어하는 내 발을 위한 좋은 친구들이 기다리는 집, 그곳이 바로 아지오입니다.

꿈꾸는 구둣방

초판 1쇄 발행 2021년 4월 1일
초판 3쇄 발행 2021년 6월 7일

지은이 아지오
펴낸이 김선식

경영총괄 김은영
기획편집 이승환, 김한솔   **디자인** 심아경   **크로스교정** 조세현   **책임마케터** 박지수
콘텐츠사업3팀장 한나비   **콘텐츠사업3팀** 심아경, 이승환, 김은하, 김한솔
마케팅본부장 이주화   **마케팅1팀** 최혜령, 오서영, 박지수
미디어홍보본부장 정명찬   **홍보팀** 안지혜, 김재선, 이소영, 김은지, 박재연, 오수미
뉴미디어팀 김선욱, 허지호, 염아라, 김혜원, 이수인, 임유나, 배한진, 석찬미
저작권팀 한승빈, 김재원
경영관리본부 허대우, 하미선, 박상민, 권송이, 김민아, 윤이경, 이소희, 이우철, 김재경, 최완규, 이지우, 김혜진
외부스태프 본문사진 장봉영, 화보아트 정재은

펴낸곳 다산북스   **출판등록** 2005년 12월 23일 제313-2005-00277호
주소 경기도 파주시 회동길 490
전화 02-704-1724   **팩스** 02-703-2219   **이메일** dasanbooks@dasanbooks.com
홈페이지 www.dasan.group   **블로그** blog.naver.com/dasan_books
종이 아이피피(IPP)   **인쇄·제본·코팅** (주)갑우문화사

ISBN 979-11-306-3596-5 (03320)

다산북스(DASANBOOKS)는 독자 여러분의 책에 관한 아이디어와 원고 투고를 기쁜 마음으로 기다리고 있습니다. 책 출간을 원하는 아이디어가
있으신 분은 다산북스 홈페이지 '원고투고'란으로 간단한 개요와 취지, 연락처 등을 보내주세요. 머뭇거리지 말고 문을 두드리세요.